Bernhard Hassenstein / Helma Hassenstein

Kindern geben, was sie brauchen

HERDER spektrum
Band 5327

Das Buch
Was brauchen Kinder, um sich gesund zu entwickeln? Worauf kommt es in welcher Entwicklungsphase ganz besonders an? Der bekannte Verhaltensforscher Bernhard Hassenstein hat nachgewiesen: Es gibt bestimmte entwicklungsspezifische Prägephasen, und sie zu kennen ist wichtig, um zu wissen, was bei einem Kind gerade „dran" ist. Eltern sollten in den verschiedenen Phasen der Entwicklung eines Kindes entwicklungsgerecht handeln. Nur wenn sie die einzelnen Entwicklungsschritte ihres Kindes kennen, können sie es optimal unterstützen und fördern. Systematisch und detailliert geben Bernhard und Helma Hassenstein Antwort auf Fragen, die junge Eltern, aber auch Erzieher und Lehrer immer wieder beschäftigen: Was können Eltern tun, um insbesondere in den wichtigen ersten Monaten eine sichere Bindung des Kindes zu gewährleisten? Wie wichtig ist eine Hauptbezugsperson? Was sind die angeborenen Lernstrategien des Kleinkindes? Wann beginnt das Kind, seine Eigenständigkeit zu entwickeln? Wie können Eltern ihr Kind dabei unterstützen? Wie fördere ich als Mutter oder Vater soziales Verhalten bei meinem Kind? Welche Formen kindlicher Aggressivität gibt es, und wie können Eltern sinnvoll darauf reagieren? Fundierte Hinweise und Anregungen für den Erziehungsalltag. Das aktualisierte Standardwerk für Eltern.

Die Autoren
Bernhard Hassenstein, Dr. Dr. h.c., war Professor für Biologie an der Universität Freiburg i. Br. Bedeutende Beiträge zur Verhaltensforschung und Biologie des Menschen. Zahlreiche Publikationen, u. a. das Standardwerk *Verhaltensbiologie des Kindes* (5. Auflage 2001), auf dessen Grundlage *Kindern geben, was sie brauchen* erarbeitet wurde.
Helma Hassenstein, Lehrerin, Ausbildung zur Beratungslehrerin, Erfahrungen im amerikanischen „child-guidance-program". Zusammen mit ihrem Mann wurde sie mit der „Ehrengabe zum Reinhold-Schneider-Preis 2002" der Stadt Freiburg für ihre wissenschaftspublizistische Arbeit ausgezeichnet.

Bernhard Hassenstein
Helma Hassenstein

Kindern geben, was sie brauchen

Entwicklungsphasen erkennen –
Entwicklung fördern

FREIBURG · BASEL · WIEN

Gedruckt auf umweltfreundlichem,
chlorfrei gebleichtem Papier

Alle Rechte vorbehalten – Printed in Germany
© Verlag Herder Freiburg im Breisgau 2003
www.herder.de

Taschenbuchausgabe mit freundlicher Genehmigung des
Spektrum Akademischer Verlag Heidelberg
4., von den Autoren aktualisierte und
veränderte Neuauflage von *Was Kindern zusteht*
© R. Piper & Co. Verlag, München 1990
unter Verwendung von Auszügen aus
Verhaltensbiologie des Kindes
© Spektrum Akademischer Verlag Heidelberg, 1999

Umschlaggestaltung und Konzeption:
R·M·E München / Roland Eschlbeck, Liana Tuchel
Umschlagmotiv: © Associated Press
Autorenfoto: © Thomas Kunz
Satz: Barbara Herrmann, Freiburg
Druck und Bindung:
fgb · freiburger graphische betriebe 2003
www.fgb.de
ISBN 3-451-05327-6

Inhalt

Vorwort 7

1. Die Entwicklung des Kindes in den ersten Lebensjahren 9
Das Bindungsverhalten des Säuglings
(1. Lebensjahr) 10
Ich-Entwicklung und wachsende Selbständigkeit
des Kleinkinds (2. bis 6. Lebensjahr) 14
Wie sich Bindungsunsicherheit auswirkt 22
Wie sich soziale Fähigkeiten entwickeln 25
Aggressivität bei Kindern 27
Jedes Kind – ein Eigenwesen 34

2. Wie Eltern die Entwicklung ihres Kindes fördern 37
Stillen – die optimale Versorgung von Anfang an 37
Sichere Bindung des Säuglings ermöglichen 43
Kindliches Streben nach Selbständigkeit
unterstützen 51
Mitmenschliches Verhalten fördern 63
Gemeinsames Spielen – Motor der kindlichen
Entwicklung 67
Kindliche Aggressivität verstehen und sinnvoll
reagieren 70
Gehorsamkeitserziehung: Konsequent sein,
ohne autoritär zu sein 72
Warum Eltern als Vorbilder so wichtig sind 80
Die Bedeutung des Vaters für das Kind 84
Sexualentwicklung und Liebesfähigkeit 86

3. Wie die Gesellschaft Eltern unterstützt 91
Unterschiedliche Formen von Unterstützung
für Eltern 91
Allein erziehende Mütter und Väter brauchen
besondere Unterstützung 93
Programm „Mutter und Kind":
Hilfe für allein erziehende Mütter/Väter 97

4. Nicht von den leiblichen Eltern betreute Kinder 106
Betreuung durch die Großeltern 106
Adoption – was gilt es zu bedenken? 110
Kinder bei Pflegeeltern 118
Unterbringung in einem Heim 121
Ganztägige Tagespflege, Tagesmütter 124
Betreuung in Krippen, Krabbelstuben 128
Besuch des Kindergartens 131

5. Rechtliche Aspekte zum Schutz des Kindes 135
Sorgerecht und gewachsene kindliche
Bindungen 135
Bedeutung der Blutsverwandtschaft 139
Umgangsrecht mit Kindern für Eltern nach der
Scheidung oder Trennung 143
Umgangsrecht mit Pflegekindern 148

Weiterführende Literatur 153

Register 155

Vorwort

Wenn ein Kind geboren ist, gehen junge Eltern heutzutage unterschiedliche Wege: Für die einen soll von nun an, zumindest für einige Jahre, die Familie und damit das Kind den Mittelpunkt des Lebens bilden. Für andere ist zusätzlich eine Berufsausübung der jungen Mutter außerhalb ihrer eigenen vier Wände entscheidend wichtig. Was aber unter allen Bedingungen gleich bleibt, ist: was Kinder brauchen, um sich wohl und sicher zu fühlen und sich körperlich und seelisch gesund zu entwickeln.

Dieses Buch beschreibt, mit der Säuglingszeit beginnend, die aufeinander folgenden Lebensphasen und legt dar, wie wir Kinder in ihren verschiedenen Entwicklungsstufen am besten betreuen, unterstützen und fördern können. Zur Sprache kommt an erster Stelle das Aufwachsen in der Familie mit beiden Eltern, doch wird auch die Situation allein erziehender Mütter und Väter eingehend berücksichtigt. Ausführlich wird auch das Aufwachsen eines Kindes bei Großeltern, in der Adoptivfamilie, bei Dauer-Pflegeeltern und im Heim, ferner die Betreuung in der Krippe und Krabbelstube sowie bei Tagesmüttern thematisiert. Schließlich wird über wichtige Grundlagen des 1998 in Kraft getretenen neuen Kindschaftsrechts informiert.

Wer über den Inhalt dieses Buches hinaus noch mehr wissen möchte, dem sei dasjenige Werk empfohlen, auf dessen Grundlage „Kindern geben, was sie brauchen" erarbeitet wurde: „Verhaltensbiologie des Kindes", das in der 5. Auflage im Spektrum-Verlag, Heidelberg, erschienen ist. In ihm wird die Verhaltensentwicklung des Kindes ausführlicher behandelt, als dies hier möglich ist, insbesondere die Ursachen, Diagnose und Therapie kindlicher Verhaltungsstörungen.

Freiburg i. Br., Januar 2003　　*Bernhard Hassenstein*
　　　　　　　　　　　　　　　　　Helma Hassenstein

1. Die Entwicklung des Kindes in den ersten Lebensjahren

„Das Kind bedarf zur vollen und harmonischen Entwicklung seiner Persönlichkeit der Liebe und des Verständnisses. Es sollte möglichst in der Obhut und unter der Verantwortung seiner Eltern, immer aber in einer liebevollen, moralische und materielle Sicherheit bietenden Umgebung aufwachsen. Im jungen Alter darf das Kind nicht von seiner Mutter getrennt werden, außer durch ungewöhnliche Umstände."

Diese Sätze stammen aus der „Erklärung der Rechte des Kindes", die von der UNO-Vollversammlung am 20. September 1959 verabschiedet wurde. Ganz ähnlich heißt es in der „Konvention der Rechte des Kindes", die am 20. November 1989 von der Generalversammlung der Vereinten Nationen einstimmig angenommen wurde und die dem Kind Besonderheit und seelische Unversehrtheit zuerkennt und damit zugleich das Prinzip der Verantwortlichkeit der Erwachsenen gegenüber den Kindern schafft: „(...) das Kind (sollte) zur vollen und harmonischen Entfaltung seiner Persönlichkeit in einer Familie und umgeben von Glück, Liebe und Verständnis aufwachsen."

Beide Dokumente stellen für uns, die Erwachsenen, eine Verpflichtung dar. Die folgenden Abschnitte dieses Buches enthalten die sachlichen Begründungen für diese Verpflichtung und beschreiben, auf welche Weise wir ihr gerecht werden können.

Das Bindungsverhalten des Säuglings (1. Lebensjahr)

Der Säugling kommt zur Welt mit dem angeborenen Bedürfnis nach Kontakt zu betreuenden Menschen, die ihm dreierlei gewähren: Nahrung, Pflege und liebevolle, verlässliche Zuwendung. Aber der Säugling hat keine angeborene Kenntnis, wer seine leiblichen Eltern sind; er prägt sich ein, wer ihn betreut, und lernt dabei diejenigen, die bei ihm Elternstelle einnehmen, an ihren unverwechselbaren Eigenschaften wie Stimme, Aussehen und Art des Reagierens kennen. Er bindet sich an diese seine Betreuer in einem monatelangen Erfahrungs- und Lernprozess, und zwar unabhängig davon, ob sie zugleich seine leiblichen Eltern sind. Bei einer (vor allem frühzeitigen) *Adoption* ist daher die Bindung des Kindes an die Adoptiveltern von gleicher Art, und sie kann genauso fest sein wie an leibliche Eltern. Auch *Pflegeeltern* können für ein Kind aufgrund eines solchen Bindungsprozesses zu seinen richtigen, seinen eigentlichen Eltern werden. Grundlage dieses Geschehens ist das naturgegebene, biologisch begründete Bedürfnis des Säuglings nach sicherer Zugehörigkeit. Es verwirklicht sich in dem Bestreben, sich an bleibende Betreuer zu binden, die bei ihm Elternstelle einnehmen, und diese Betreuer zu behalten. Der Bindungsvorgang ist ein naturhaftes biologisches und zugleich ein zur Eigenart des Menschen gehörendes Geschehen. Er ist im Sinne eines allgemein gültigen Gesetzes Teil der Natur des Menschen; und er knüpft das individuelle menschliche Band zu den Persönlichkeiten der existentiellen Partner, die bei ihm Elternstelle einnehmen.

Auch leibliche Eltern, so sehr sie ihr Kind lieben, werden erst dadurch wirklich zu Eltern des Kindes, dass sie es selbst betreuen; nur dies gewährleistet, dass das Kind sich seelisch und geistig an sie bindet. Der Bindungsvorgang vollzieht sich dabei umso rascher und inniger, je ungestörter die Mutter und der Vater von Geburt an täglich mit dem Säugling in Kontakt sind und seine Bedürfnisse befriedigen.

Wenn sich echte Bindungen zu betreuten Kindern bilden konnten, so wurzeln sie bei Müttern und Vätern in gleich tiefen Schichten der Persönlichkeit. Wie bei den Bindungen der Kinder an ihre Eltern ist auch die existentielle Eltern-Bindung an die Kinder nicht an leibliche Elternschaft gebunden; sie kann zu Adoptiv- und Pflegekindern ebenso unauflösbar und unverbrüchlich sein wie zu leiblichen Kindern.

Wenn sich Bindungen zwischen den Partnern von beiden Seiten, vom Kind wie von den betreuenden Erwachsenen her, geknüpft haben, so ist damit der seelisch-geistige Anteil der Elternschaft entstanden: Man spricht von gewachsener Elternschaft, sozialer Elternschaft, faktischer oder psychologischer Elternschaft. Obwohl die zum seelisch-geistigen Anteil der Elternschaft führenden Bindungsprozesse unabhängig von leiblicher Elternschaft, also unabhängig vom biologisch-genetischen Zusammenhang, vor sich gehen können, sind auch sie von naturhaft-biologischer Art; zugleich sind sie aber durch das Einbeziehen des seelisch-geistigen Bereichs etwas spezifisch Menschliches.

Beim Säugling ist der Bindungsprozess zeitlich an eine aufnahmefähige Reifezeit, eine „sensible Phase" gebunden, die vermutlich bald nach der Geburt beginnt und im 2. und 3. Lebensmonat schon deutlich ausgeprägt ist; zwischen dem 6. und 10. Lebensmonat ist der Bindungsvorgang in einer besonders störbaren Phase, und er ist wohl meist mit dem 24. Lebensmonat soweit abgeschlossen, dass – beim weiteren Erhaltenbleiben des entstandenen Eltern-Kind-Verhältnisses – eine sichere Basis für die künftige Entwicklung des Kindes geschaffen ist. Was während der Bindungsphase festgelegt wird, beruht auf den Wahrnehmungen und dem Erleben des Säuglings während seiner Betreuung und auf den wechselseitigen Reaktionen zwischen ihm und seinen Bezugspersonen. Die warmherzige Zugewandtheit der Bezugsperson drückt sich in ihren Gebärden und Handlungen aus: im sicheren und zugleich liebevollen Halten und Bewegen, z. B. beim An-Sich-Nehmen, beim Stillen oder Füttern und beim Baden; im freundlichen Ansprechen, das das Lächeln des Säuglings auslöst; und im lustigen Plaudern mit ihm. All dieser „Signalaustausch" begründet und festigt die Gefühlsbeziehung zwischen Kind und Eltern. Das Lächeln des Säuglings ist sein Signal der Zugewandtheit.

Der Eltern-Lern-Prozess des Säuglings gewinnt den Charakter eines Bindungsvorgangs dadurch, dass die beim Lernvorgang bekannt gewordenen Menschen dem Kind durch ihre Anwesenheit und ihren Zuspruch auch innere Sicherheit und Geborgenheit geben können. Unbekannte vermögen das um so weniger, je besser der Säugling schon seine Eltern von anderen Menschen unterscheiden kann. Unbekannte können, auch wenn sie es möchten, nicht sofort das Vertrauen des Kindes gewinnen; vielleicht lösen sie durch ihre Nähe sogar Angst aus. Man sagt dann: Das Kind „fremdelt". Die Fremdel-Reaktion ist ein Kennzeichen der biologischen Reifephase des individuellen Bindungsprozesses. Hat ein Kind keine oder keine ausreichende Gelegenheit, sich während der sensiblen Phase an einen Menschen fest zu binden, so fehlt ihm ein Partner, an den es sich bei Gefahr wenden kann. Ohne eine solche Sicherung im Hintergrund ist das Kind nicht seelisch geborgen, sondern im Zustand der Unsicherheit.

Erst in späteren Altersstufen, wenn sich ein Kleinkind (vom 3. Lebensjahr an) z. B. im Kindergarten wohlfühlt und dort glücklich ist, werden auch zuvor fremde Umgebungen und neue menschliche Bindungen lockend und förderlich für die Entwicklung. In der gesamten Kindheit sind jedoch erhaltenbleibende Bindungen und Angstfreiheit miteinander gekoppelt. Das gilt nicht nur für das Verhältnis zur Mutter oder zum Vater, sondern auch zu den Geschwistern und Großeltern sowie auch zur gegenständlichen Umwelt, ja zur Gliederung des Tagesablaufs. Bekanntes, Gewohntes hat wegen seiner Vorhersehbarkeit im Säuglings- und Kleinkindalter den gefühlsmäßigen Beiwert der Gefahrlosigkeit und Geborgenheit, Fremdes den der Drohung und Gefahr.

Hinsichtlich der Eltern-Kind-Beziehung ist also die Säuglings- und Kleinkindzeit schwerpunktmäßig durch den langdauernden kindlichen Lernprozess gekennzeichnet, der zur individuellen Bindung an die Betreuer führt, die Elternstelle bei ihm einnehmen. Außer zur bleibenden, stets verfügbaren Hauptbezugsperson, die unbedingt erforderlich ist, in der Regel die Mutter oder der Vater, kann – und sollte! – der Säugling aber auch zu Geschwistern, zu Großeltern und nach und nach zu weiteren Verwandten und Freunden Vertrauen fassen.

Besonders wichtig ist es, dass sich die Betreuer genügend Zeit für ihr Kind nehmen. Man kann sich an folgende Faustregel halten: Soll sich das Kind in der Bindungsphase sicher an seine Hauptbezugsperson binden, so braucht es sie, solange es wach ist, von ihr gefüttert wird und ihre Betreuung empfängt; das sind über den Tag verteilt vier bis fünf Stunden. Besonders wichtig ist aber darüber hinaus auch die mütterliche oder väterliche Gegenwart, falls das Kind einmal außer der Zeit aufwacht, z. B. durch eine heftige Störung; dann kann die Mutter oder der Vater das Kind trösten und es davor bewahren, dass es sich gerade in dieser Situation verlassen fühlt und Ängste entwickelt.

Wir haben also für Säugling und Kleinkind zwei Arten der Elternschaft zu unterscheiden: Die eine ist die leibliche Elternschaft – definiert durch die biologischen Prozesse der Zeugung und der Geburt; die andere ist die biologisch und psychisch begründete wechselseitige Bindung, die seelisch-geistige Elternschaft. Für Säugling und Kleinkind ist nur diese zweite Art der Elternschaft erkenn- und erfassbar und darum existentiell entscheidend. Ob sich ein Kind an Menschen, die die Elternstelle bei ihm einnehmen, sicher binden konnte oder ob es bindungsschwach oder bindungslos blieb, das ist von überragender Bedeutung für sein ganzes späteres Leben. Woran das liegt, wird etwas später erklärt (s. S. 22 ff.).

Ich-Entwicklung und wachsende Selbständigkeit des Kleinkinds (2. bis 6. Lebensjahr)

Ein zweiter, ganz andersartiger kindlicher Reifungsprozess kennzeichnet die Kleinkindzeit (2. bis 6. Lebensjahr), kündigt sich jedoch häufig schon gegen Ende des Säuglingsjahres an: die allmählich zunehmende kindliche Selbständigkeit, ein Kontrapunkt zur Bindung. Für beide Eltern entstehen hierdurch ganz neue Aufgaben.

Wenn wir in dieses Lebensalter des Kindes Einblick nehmen, so überwältigt uns eine Fülle von Erscheinungen: Nie im Leben folgt ein Fortschritt der Fähigkeiten so bald auf den nächsten, und nie wieder ist die Entwicklung so stürmisch, sind die Neuerwerbungen so grundlegend: Der aufrechte Gang; das Erlernen der ersten Sprache; das aufkommende Bestreben, etwas selbständig zu tun und sich nicht helfen zu lassen; die ersten nicht nur nehmenden, sondern auch gebenden Sozialbeziehungen zum Mitmenschen; das bewusste gedankliche Erfassen der eigenen Existenz; das Entdecken des Nein-Sagens als Schritt zur Abgrenzung des eigenen Willens und der eigenen Persönlichkeit von derjenigen der Mitmenschen; die sich entwickelnde Fähigkeit zum bewussten Zurückstellen eigener Wünsche, zur Selbstbeherrschung, zur Steuerung des eigenen Handelns und damit zur mitmenschlichen Partnerschaft – all dies ist ein mitreißender Prozess der Steigerung und Entfaltung der kindlichen Persönlichkeit.

Im Bewusstsein, damit nur einen kleinen Teil der vielfältigen Entwicklungen der Kleinkindphase zu erfassen, möchten wir im Folgenden näher auf die Frage eingehen: Welche Verhaltensprinzipien steuern das Kleinkind beim Suchen und Aneignen der notwendigen Erfahrungen über seine dingliche Umwelt und den Charakter seiner Mitmenschen? Zur Natur des Kleinkindes gehören einige klar strukturierte Strategien des aktiven Erfahrungserwerbs: Erkunden, Spielen, Nachahmen, phantasievolles Abwandeln des Erlernten sowie schöpferisches Erfinden.

Erkunden heißt: Auch wenn gerade keine aktuellen biologischen Bedürfnisse wie Hunger oder Furcht vor einer Gefahr bestehen, bleibt das Kind nicht inaktiv, sondern es sucht alles, was es erreichen kann, mit seinen Sinnen zu erforschen. Das geschieht durch Berühren, In-den-Mund-Nehmen, Ergreifen, Aneinanderschlagen, Ineinanderstecken usw. So werden Eigenschaften wie hart und weich, glatt und rauh, warm und kalt, trocken und nass usw. kennen gelernt. Das Kleinkind erforscht, welches Geräusch ein heruntergeworfener Gegenstand erzeugt, aber auch, was die Eltern tun, wenn das Herunterwerfen häufig wiederholt wird. Neues, wenn es in den Gesichtskreis gerät, übt besondere Anziehungskraft aus. Kann das Kind sprechen, so äußert sich seine Wissbegierde durch ständiges Fragen.

Auch das *Spielen* ist biologisch als antriebsbedingtes Verhalten zum Erwerb von Können und Erfahrung und zum körperlichen Training zu verstehen. Bewegungsspiele üben die Kraft und Geschicklichkeit, Spiele mit Erwachsenen und mit anderen Kindern entwickeln die Fähigkeit, Handlungen zu planen, die Spielpartner zu beobachten und soziales Verhalten einzuüben; ungestört allein zu spielen, fördert die Fähigkeit zur Konzentration und zum phantasievollen Gestalten.

Zur Verhaltenssteuerung des Spielens gehört ein *Wiederholungsdrang:* Bekanntlich wollen Kleinkinder viele Eindrücke sehr häufig wahrnehmen, und sie wollen manche Verhaltensweisen unermüdlich wiederholen. Auf Aufforderung oder gar Zwang hin sind Kinder allerdings viel weniger bereit, das gleiche mehrmals zu tun. Wiederholen ist jedoch in jedem Fall eine förderliche Bedingung für Lernvorgänge.

Das gilt auch für den spielerischen Wiederholungsdrang. Dieser ist vielfach an eine besondere Situation gebunden: Kleine Kinder reagieren, sofern sie in entspannter Situation sind, auf besondere Wahrnehmungen bevorzugt damit, dass sie ihr gerade vorangegangenes Verhalten sofort wiederholen. Ist ein Kind in eine Pfütze getapst und hat das Wasser spritzen sehen, so wiederholt es sein Verhalten sofort. Dieser motorische Wiederholungsdrang auf wahrgenommene Umweltantwort hin hat einen klar erkennbaren Erfahrungsnutzen: Das Kind lernt dabei, die gesetzmäßigen Konsequenzen des eigenen Verhaltens von zufälligem Zusammentreffen zu unterscheiden. Auch jede experimentelle Forschung kann nur dann Ursache-Wirkungs-Zusammenhänge ermitteln, wenn die Versuche wiederholt werden. Demnach kann der „Wiederholungsdrang nach Umweltantwort" als verhaltenssteuerndes Teilsystem verstanden werden, das außerhalb von biologischen Ernst-Situationen Lernprozesse ermöglicht und in Gang setzt.

Die Art und Weise, wie die Mitmenschen und wie die dingliche Umwelt auf die kindliche Eigenaktivität reagieren, ist daher von größter Erfahrungsträchtigkeit für das Kind. Das Nervensystem des Kindes ist nach jeder Eigenaktivität gleichsam im Erwartungszustand, um Antworten und Reaktionen auf das eigene Handeln wahrzunehmen. Hier macht das Kind eine ganz entscheidende Erfahrung: Was kann ich durch eigene Aktivität in der personalen und dinglichen Umwelt bewirken?

Auch das *Nachahmen* gehört zum kindlichen Spiel. Kleine Mädchen oder Jungen, auch wenn sie noch keine 2 Jahre alt sind, versuchen schon beim Betrachten einer Ballett-Tänzerin im Fernsehen deren Bewegungen zu imitieren. Besonders gern werden die Eltern nachgeahmt: Hausarbeiten, Basteln, Handwerkeln. Der Sinn dieses Verhaltens besteht darin, Fähigkeiten anderer, vor allem derer, die älter oder schon erwachsen sind, durch Nachahmen in eigenes Können zu verwandeln. Die innere Belohnung besteht im Nachahmenkönnen des Vorbilds oder im neu erworbenen Können selbst. Hier liegt eine Triebfeder für den Transfer des Verhaltens von Generation zu Generation, für eine naturbedingte Weitergabe erworbener Fähigkeiten.

Später, vom 3. oder 4. Lebensjahr an, werden dann „Rollen" gespielt: Mutter und Kind, Kaufmann und andere Berufe, Autofahren, ärztliche Untersuchung, Hochzeit. Ein weiterer Schritt wird vollzogen, wenn ein Kind eines Tages damit beginnt, nicht nur selbst etwas Gesehenes nachzuahmen, sondern einer Puppe und später den Kasperlefiguren solche Rollen zu übertragen.

Schon diese wenigen verhaltenssteuernden Mechanismen der Kleinkindzeit machen deutlich, welche geradezu genial konzipierten angeborenen Strategien in dieser Lebensphase dafür sorgen, dass das Kind grundlegende Erfahrungen macht und Wissen und Können speichert. Man ist verblüfft, wenn man sich klarmacht, was dies alles physiologisch voraussetzt, zum Beispiel beim Nachahmen einer beobachteten Handlung: Aus dem (zweidimensionalen!) Abbild des Geschehens auf dem Augenhintergrund, übersetzt in elektrische Signale in Zehntausenden von Nervenfasern, macht das Gehirn automatisch ein Raum-Zeit-Muster aus Kommandos für

Dutzende von funktional unterschiedlichen Muskeln, aber so, dass das entstehende Verhaltensmuster (im dreidimensionalen Raum!) dem zuvor wahrgenommenen Bewegungsgeschehen entspricht. Einen Computer für diese Leistung programmieren zu wollen, geschweige denn, ihn perfekt funktionieren zu lassen, wäre äußerst schwierig. Man sollte meinen, eine solche Leistung des Gehirns müsste für ein Kleinkind überaus anstrengend sein – aber nein, diese Leistung vollbringt das Kind mit Leichtigkeit und Vergnügen.

Eine Reihe weiterer Lernstrategien aus eigenem Antrieb umfasst schließlich der Begriff *schöpferisches Erfinden:* Zuvor Erlerntes wird neu kombiniert, in neuartiges Tun umgesetzt, sei es in phantasievolles Erzählen, in konstruktives Bauen, in das Erfinden von Spielen und später in bildliches Gestalten. Es gibt kaum ein Kind, das uns nicht durch neue Wortschöpfungen überrascht, z. B. „Wimperöhrchen" für die Schnurrhaare der Katze. Durch schöpferisches Erfinden erweitern die Kinder aus eigenem Antrieb ihren Erfahrungsbereich in vielen Dimensionen.

Das Kleinkind hat seine besten Lehrer in sich selbst: Es wäre hoffnungslos, seine angeborenen Lernstrategien und die dazugehörigen Motivationen durch von außen vorgegebene Curricula ersetzen zu wollen; solche können im Kleinkindalter nur stören, indem sie die zur Natur des Kindes gehörigen sinnvolleren Lernstrategien verdrängen. Hier liegen auch die entscheidenden wissenschaftlichen Argumente gegen die von der amerikanischen Lerntheorie provozierte Forderung, lernzielorientiertes Lehren und Lernen schon in die Welt des Kleinkindes einzuführen.

Schon im zweiten Lebensjahr beginnt das Kind auch ganz direkt und unmissverständlich das Ziel „Selbständigkeit" anzusteuern: Ließ es sich im 1. Lebensjahr füttern, so möchte es jetzt selbständig essen; lief es geschützt an der Hand der Mutter, so will es jetzt allein laufen; es möchte sich selbst seine Mütze aufsetzen, allein seine Schuhe ausziehen, sich selber waschen usw. Das in der Natur des Kindes liegende Streben, nun all das selbst zu tun, was ihm bisher die Mutter und der Vater gewährten, ist ein wichtiger Entwicklungsimpuls. Mit Energie und Ausdauer übt das Kind die einzelnen Handgriffe. Hier sollten die Eltern dem Kind die gewünschte selbständige Handlung ermöglichen und ihm dabei vor allem auch genug Zeit lassen, bis es z. B. allein die Hände gewaschen und abgetrocknet, selbständig die Schnürsenkel eingefädelt oder die Jacke zugeknöpft hat. Geduld und Zeit der Eltern, die so lange warten, bis das Kind selbst fertig ist und es für die gelungene Handlung loben, ermöglichen es dem Kinde, immer selbständiger zu werden. Nur auf diesem Wege können Eltern der Gefahr der Überbehütung ihrer Kinder entgehen, die sich gar zu leicht aus der Art und Weise der Versorgung des Kindes im Säuglingsalter entwickelt: So notwendig das Umsorgen des Säuglings im ersten Lebensjahr ist, so wichtig ist es für das Kleinkind, schrittweise viele Tätigkeiten selbständig zu übernehmen, und zwar in dem Tempo, das es selbst anzeigt: durch sein Fordern oder Probieren, dies oder jenes *selbst* zu tun. Die Aktivität der Eltern sollte hier auf die Förderung der Eigenständigkeit des Kindes zielen sowie darauf, ihm vielerlei eigene Erfahrungen zu ermöglichen. Dabei ist zu bedenken, dass Kinder nicht immer nur spielen wollen; besonders gern nehmen sie auch an den Tätigkeiten der Erwachsenen teil, indem sie ihnen helfend zur Hand gehen. Diese Erfahrung des gemeinsamen Miteinanders kann sie zutiefst glücklich machen.

In all den beschriebenen Erfahrungsrichtungen wird das Kind selbständiger. Die Selbständigkeit sollte geübt und stetig erweitert werden. Das Kleinkind gewinnt die

Fähigkeit, durch eigenes Handeln Ziele zu erreichen. Die Freude über das Gelingen, das Lob der Eltern regen zu neuem Tun an. Das Kind muss auch lernen zu ertragen, dass seine Mühe manchmal erst nach längerer Zeit Erfolg hat, dass es neue Wege zum Erreichen eines Zieles suchen muss und dass sich manches gar nicht erlangen lässt. Auch Misserfolg muss das Kind manchmal hinnehmen und verarbeiten. Hierzu tragen die Eltern bei, wenn sie ihrem Kind ermöglichen, weitgehend selbstständig zu handeln und ihm nur, wo nötig, helfen. Sie sollten dem Kind keinesfalls ungeduldig eine Arbeit aus der Hand nehmen und sie selbst tun, damit sie schneller fertig wird oder um dem Kind die Mühe zu ersparen. Bittet das Kind selbst um Hilfe – oder droht ein zu großer Misserfolg –, so ist elterliche Unterstützung angebracht. Versagen und Scheitern wird durch elterliches Mitgefühl leichter verarbeitet. Erneute Versuche führen dann häufig zum Ziel; auf diese Weise entwickelt sich das für die spätere Lebensbewältigung so wichtige Durchhaltevermögen des Kindes.

Um seine Fertigkeiten, seine Kenntnisse, seine Selbständigkeit und sein soziales Verhalten zu entwickeln, braucht das Kind die zuverlässige, unverbrüchliche Partnerschaft derjenigen einzelnen Erwachsenen, an die es innerlich gebunden ist und denen es vertraut. Diesen Erwachsenen fällt es zu – falls sie die Entwicklung des Kindes so gut wie möglich fördern wollen –, auf dessen biologisch-reifungsbedingte Initiativen zum Erkunden, Spielen, Nachahmen und schöpferischen Erfinden individuell antwortend und weiterführend einzugehen; denn dies ist die Situation, in der das Kind für jede Erfahrung offen ist. Wo Initiativen zu oft ohne Antwort bleiben oder gar durch häufiges Abweisen gedrosselt werden, versiegt die Aktivität des Kindes. Auch liegt eine wichtige Aufgabe für die Eltern darin, sowohl zu Hause wie in den Ferien gemeinsames Spielen mit anderen Kindern zu ermöglichen, besonders bei Kindern, die keine Geschwister haben.

Schon in den ersten kindlichen Lebensjahren umfasst also die Eltern-Kind-Beziehung in aufeinander folgenden Phasen schwerpunktmäßig ganz unterschiedliche Beziehungsformen. Zeitlicher Schrittmacher ist dabei die biologische kindliche Entwicklung, die man als Reifung von Lernstrategien und Lernbereitschaften kennzeichnen kann. Die Erfahrungsgewinne der aufeinander folgenden Phasen bauen aufeinander auf; das Frühere wird zur Basis des Späteren, und frühes Misslingen untergräbt späteren Erfolg oder muss mit großem Einsatz ausgeglichen werden. Die Erwachsenen dürfen dem Kinde entsprechend seinen reifenden Lernphasen die angezielten Erfahrungen nicht versagen, sondern sie möglichst reich bieten:

Erstens ist die Erfahrung notwendig, von der Geburt an (oder im Fall des Ausfalls der leiblichen Mutter so bald wie möglich beginnend) einen bleibenden Haupt-Bindungs-Partner zu haben, der durch sein stetiges, liebevolles Betreuungsverhalten vertrauenswürdig ist und den primären Bindungsprozess ermöglicht.

Zweitens sind – im 1. Lebensjahr beginnend und schwerpunktmäßig dann in den Kleinkindjahren – beide Eltern die Partner, die das Kind in seinem Erkundungsdrang, seinem Wissensdurst, seinem Spielen, seinem schöpferischen Erfinden und seinem Drang zum selbständigen Handeln unterstützen, ihm dazu Stoff, Anerkennung und Anregung geben, ihm ausgiebiges Spielen mit anderen Kindern ermöglichen und für das Kind im individuellen und im sozialen Bereich als Vorbild wirken.

Wie sich Bindungsunsicherheit auswirkt

Der gesamte zu Wissen, Können und Selbständigkeit führende Verhaltensbereich Erkunden / Spielen / Nachahmen / schöpferisches Erfinden hat eine weitere bedeutsame, biologisch begründete Eigenschaft: Er entfaltet sich nur im Zustand der inneren Gelöstheit. Für das Spielen wird dies in der Psychologie so formuliert: »Spielen erfolgt nur im entspannten Feld.« Alle eben erwähnten Verhaltenstendenzen sind extrem empfindlich gegen ängstliche Beunruhigung, sie sind durch Angst leicht zu unterdrücken. Beispielsweise kann etwas Neues, das aus angstfreier Situation heraus Wissbegierde erwecken würde, bei gesteigerter allgemeiner Ängstlichkeit stattdessen Furcht auslösen: Anstatt seiner Wissbegierde zu folgen, versteckt sich das Kind vor dem Neuen hinter seiner Mutter.

Biologisch gesehen, ist die leichte Verdrängbarkeit des Erkundens, Spielens usw. durch Angst *an sich* durchaus sinnvoll. Denn die Angst lenkt das Verhalten der Selbsterhaltung in unmittelbarer Gefahr. Die Verhaltensweisen des „aktiven Erfahrungserwerbs" erweisen ihren Vorteil dagegen erst in der Zukunft; daher ist es sinnvoll, wenn sie jeweils in der Gegenwart nicht in Konkurrenz mit der aktuellen biologischen Notwendigkeit zur Gefahrenvermeidung und Selbsterhaltung treten. Sie füllen gleichsam die freibleibende Zeit aus; gerade dies wird auf der Ebene der Verhaltenssteuerung dadurch gewährleistet, dass Erkunden, Spielen usw. durch Angst leicht unterdrückt werden.

Die leichte Störanfälligkeit der Tendenz zum Erkunden, Spielen, Nachahmen usw., die an sich, wie gesagt, durchaus sinnvoll ist, verkehrt sich unglücklicherweise beim Kind dann zu einer besonderen Gefahrenquelle, wenn es unter frühkindlichen Betreuungs- und Bindungsmängeln leidet. Hierdurch erklärt es sich, warum frühkindliche Bindungsunsicherheit, falls sie nicht rechtzeitig durch langdauernde, liebevolle, geduldige Betreuung gemildert oder aufgefangen wird, die spätere geistige Entwicklung und den Gewinn von Lern- und Konzentrationsfähigkeit, Selbständigkeit und sozialer Selbstsicherheit unter Umständen stark beeinträchtigt. Das negative Bindeglied ist die *Angst*. Die Ursache-Wirkungs-Kette ist die folgende: In der Säuglingszeit bestimmt die langsam entstehende Bindung, in wessen körperlicher Nähe sich das Kind völlig sicher fühlt. Wurde es dem Säugling und Kleinkind durch ein- oder gar mehrmaligen Verlust von Bezugspersonen oder durch fortdauernde Wechselbetreuung verwehrt, eine feste Vertrauensbindung aufzubauen, so nistet sich allgemeine Unsicherheit und Misstrauen ein. Das Kind klammert sich an seine Bezugspersonen; aus Angst, sie zu verlieren, wagt es nicht, vorübergehend Abstand von ihnen zu nehmen, um selbständige Erfahrungen zu machen. Die Angst dämpft oder unterdrückt so den Verhaltensbereich Erkunden / Spielen / Nachahmen / schöpferisches Erfinden, also das Lernen durch aktiven Erfahrungserwerb und damit auch den Gewinn von Selbständigkeit und angstfreiem sozialem Verhalten.

Was ist nun für die spätere Entwicklung zu befürchten, wenn Kindern durch Wechsel oder Verlust ihrer Hauptbezugspersonen oder durch Betreuungsmängel Angst statt Vertrauen eingeflößt wird, so dass Erkunden, Spielen, nachahmendes Lernen und schöpferisches Erfinden und damit die Wegbereiter der zunehmenden Selbständigkeit zu kurz kommen? Im Folgenden beschreiben wir die zu befürchtende Entwicklungsstörung in einer besonders schweren Form: für das aufgrund unglücklicher Lebensumstände überhaupt *bindungslos* aufwachsende Kind (im Fall von *bindungsschwach* aufwachsenden Kindern können die Störungen irgendwo im Bereich des fließenden Übergangs zwischen dem gut betreuten und dem bindungslos aufgewachsenen Kind liegen): Das gesamte Lebensgefühl eines kleinen Kindes erhält die Tönung ängstlich-beunruhigender Erregtheit, wenn frühe Eindrücke überwiegend Angst, Unruhe und Mangelerlebnisse mit sich brachten. Dadurch kann sich dauernde und bleibende Unsicherheit in die Struktur der Persönlichkeit einprägen. Dies unterbindet die auf Bindungserlebnissen basierende Gefühlsentwicklung. Viele dieser Kinder sind später unempfänglich für zwischenmenschliche Regungen wie Mitgefühl, Liebe, Achtung und Ehrfurcht. Sie versuchen nur noch, ihren eigenen erlittenen Mangel auszugleichen und verstehen keine Appelle an Mitmenschlichkeit und Rücksicht. Ihre Antworten sind egoistisch und aggressiv. Man spricht von „Gefühlsarmut".

In Bereichen, die differenzierte Leistungen, Ausgeglichenheit und Stetigkeit voraussetzen, sind solche Kinder weniger oder gar nicht erfolgreich. Ohne Erfolgserlebnisse aber entwickeln sie keine hinreichende Selbstsicherheit und keine Befriedigung an zielstrebigem Handeln und Einsatz ihrer Kräfte. Da infolge der beschriebenen Grundangst die emotionalen Voraussetzungen für das innere Eingestelltsein auf Lernen und Entdecken vermindert sind und daher viele wichtige Lernprozesse unterbleiben, sind viele dieser Kinder im Einschulungsalter nicht schulreif. Im weiteren Verlauf der Schullaufbahn können erhebliche Schwierigkeiten, Leistungshemmungen und immer erneutes Versagen folgen – es sei denn, besondere Begabungen (intellektuell, handwerklich, künstlerisch) und günstige Umweltbedingungen verhelfen dazu, die erlittenen Verluste auszugleichen.

Zusammenfassend ist festzuhalten: Wie die Säuglingsphase, so lebt auch die Kleinkindzeit – obwohl sie als Expansion der Fähigkeiten, als Entwicklung von Unabhängigkeit und Selbständigkeit zu verstehen ist – vom

Erhaltenbleiben der gewachsenen Bindungen; die Aktivität dieser Lebensphase entfaltet sich zu wenig, wenn das Kleinkind keine Geborgenheit findet und keine gesicherte Zuflucht in denjenigen erhalten bleibenden Bindungen besitzt, in die es hineingewachsen ist. Die gewachsenen Bindungen zu erhalten und sie, soweit das in unsere Macht gelegt ist, zu verteidigen, ist daher eine entscheidende Aufgabe zugunsten unserer Kinder.

Wie sich soziale Fähigkeiten entwickeln

Das Kind macht von sich aus schon in den ersten Lebensjahren vielfältige Ansätze zum mitmenschlichen Zusammenwirken, sei es durch Nacheifern und Mittun, durch Helfen, durch Zeigenwollen seiner Spielsachen und vieles andere mehr. All dies ist eine andere Form des sozialen Verhaltens als die individuelle Bindung an die Eltern, die dem Kind Schutz und Geborgenheit vermittelt; diese Art der Partnerschaft ist nicht auf die individuell gebundenen Personen beschränkt, sondern bezieht auch andere Kinder und andere Erwachsene ein.

Kleinkinder im Alter von etwa zehn Monaten an bieten anderen Kindern oder Erwachsenen gern ein Stück ihres Besitzes an, sei es ein Spielzeug oder etwas Essbares. Mitunter leiten sie damit ein Spiel des Gebens und Nehmens ein; dies geschieht in allen Kulturen. Der Adressat des Angebotes geht im Sinne des Kindes auf das Spiel ein, wenn er die Gabe nicht abweist, sondern annimmt; danach muss er ein paar Augenblicke, aber nicht zu lange Zeit, vergehen lassen und dann seinerseits dem Kind den Gegenstand anbieten. Meistens nimmt das Kind die Gabe zurück; manchmal wiederholt sich das Spiel. Dem Kind kommt es dabei weniger auf den Gegenstand an als auf das Geben und Nehmen.

Mitempfinden. Eine weitere Art der mitmenschlichen Beziehung ist das (gefühlsmäßige) Mitempfinden, wenn ein anderer Mensch Freude, Angst, Schmerz oder sonstige Gefühle äußert. Fachausdrücke hierfür sind: Gefühlsansteckung, ausdrucksvermittelte Gefühlsübertragung, Teilhabe an der Emotion des anderen. Der eigene äußere Gefühlsausdruck, vom anderen wahrgenommen, erweckt bei diesem das gleiche Gefühl. In diesem Sinne reagieren schon Kleinkinder auf den Ausdruck emotionalen Unbehagens bei anderen Personen mit Zeichen des Mitgefühls, dazu aber auch mit Gesten und Handlungen des Tröstens und Helfens.

Einfühlung. Einfühlung scheint auf den ersten Blick dem „Mitempfinden", das im vorigen Absatz besprochen wurde, ganz ähnlich zu sein, wenn nicht sogar zu gleichen. Aber Einfühlung setzt eine besondere Leistung voraus: Das Verstehen der Situation des anderen, auch wenn von diesem gar keine emotionalen Signale wahrgenommen werden. Das Kind kann sich schon allein aufgrund dessen, was es beobachtet oder worüber es nachdenkt, in die Situation des anderen hineinversetzen, also dessen Perspektive übernehmen. Diese gedankliche Leistung setzt einen erheblichen Fortschritt der Erkenntnisfähigkeit im Vergleich zum bloßen „Mitempfinden" voraus; das kleine Kind muss nämlich zuvor in seiner Vorstellung ein Konzept von sich selbst entwickelt haben. Erst so kann es den anderen als ein selbständiges Wesen erfassen, dessen Erleben mit dem eigenen Erleben vergleichbar ist, und das selbst dann, wenn der Gefühlsausdruck des anderen, der unmittelbares Mitempfinden auslösen könnte, gar nicht wahrnehmbar ist. Dass ein Kind ein „Selbstkonzept" entwickelt hat, zeigt es unter anderem dadurch, dass es sein Bild im Spiegel nicht mehr nur als interessantes, sich bewegendes lebendiges Wesen, sondern als Abbild seiner selbst begreift. Die „Ich-Entwicklung" ist erfolgt.

Nachahmen stiftet Sozialverhalten. Im Kindesalter ist auch das Nachahmen eine Form des sozialen Lernens. Wenn das Kind partnerschaftliches und mitmenschliches Verhalten bei Erwachsenen und älteren Kindern sieht und dieses nachahmt, so erwirbt es damit zugleich soziales Verhalten nach dem beobachteten Vorbild. Dies gilt im Guten wie im Schlechten: Kinder behandeln beispielsweise ihre Puppen, aber auch jüngere Kinder genauso, wie sie es bei anderen Menschen beobachteten oder selbst erlebten. Auf diese Weise übt nicht nur jeder Erwachsene und jedes ältere Kind, sondern heute besonders auch das Fernsehen einen mitunter beträchtlichen Erziehungseinfluss aus.

Identifikation. Dieser Fachausdruck besagt, dass ein Kind oder auch ein Erwachsener nicht nur einzelne Verhaltensweisen eines anderen Menschen übernimmt, sondern sich auch dessen Weise, die Welt zu sehen, seine Wertvorstellungen, seine Hoffnungen und seine Forderungen an sich selbst und an seine Umwelt zu eigen macht.

Aggressivität bei Kindern

Aggressives Verhalten des Kindes kann mehreren, ganz unterschiedlichen Motivationen entspringen. Davon sind die folgenden drei besonders wichtig: rein spielerische Aggressivität, Reaktion auf Frustration sowie Auskundschaften des sozialen Verhaltensspielraums.

Spielerische Aggressivität. Der kämpferische Angriff kann ein echter Anteil des Spielverhaltens sein. So bewirft bereits das 2-jährige Kind jubelnd die Mutter und den Vater mit Schnee, ohne dabei feindlich gestimmt zu sein; wenn dann die Angegriffenen Ansätze zur Flucht oder zum spielerischen Gegenangriff machen, kann sich das Kind vor Freude gar nicht lassen. Später sind Kampfspiele ein großer Teil der kindlichen Gruppenspiele. Man hat dabei den Eindruck, der Motor für das spielerische Angreifen sei der Drang zum Spielen selbst. Das würde mit der Vorstellung übereinstimmen, dass das Spielverhalten in seiner Ausführung dem Ernstverhalten gleichen kann, dass es aber seine Impulse von der Spielbereitschaft empfängt.

Aggressivität als Antwort auf verhinderte Bedürfnisbefriedigung (Versagung, Frustration). Es ist eine natürliche Reaktion von Erwachsenen wie von Kindern, die Nichterfüllung eines Bedürfnisses oder Wunsches durch Aggressivität bzw. Angriff gegen das Hindernis zu beantworten, um dadurch das Ziel vielleicht doch noch zu erreichen. Ein nervöser Mensch wird ärgerlich, wenn im Gasthaus das bestellte Essen nicht kommt oder wenn sich etwas Gesuchtes nicht finden lässt – Letzteres auch dann, wenn der Suchende genau weiß, dass am Nicht-zur-Hand-Sein des gesuchten Gegenstandes er selbst schuld ist. Auch ein Kind wird „gereizt", wenn man ihm etwas Begehrtes vorenthält. Dabei sind manche Bedürfnisse der Kinder, vor allem der Drang zu körperlichen Bewegungen, zur stimmlichen Äußerung, zum Erkunden, zum Untersuchen (d. h. auch Anfassen!) sowie zum Spielen weitaus stärker und elementarer, als das für die meisten Erwachsenen nachvollziehbar ist. Ebenso überwältigend kann der Drang werden, sich vorübergehend von den Erwachsenen zu lösen und selbständig zu sein. Viele Erwachsene merken gar nicht, wie sehr sie diese kindgemäßen Bedürfnisse im täglichen Leben einschränken. Kindliche Aggressivität gegen diese Behinderung ist die natürliche Folge. Die frustrationsbedingte Aggressivität ist ein zur Natur des Kindes gehöriges Mittel, um Widerstände zu überwinden, um die Befriedigung elementarer Bedürfnisse durchzusetzen und um den Freiraum für sein Selbständigwerden zu erobern und zu verteidigen. Dabei sind seine Kampfespartner sowohl die Eltern und andere Erwachsene als auch die Geschwister und Spielkameraden.

Die Reaktionen von Kindern auf die Nichterfüllung ihrer Bedürfnisse ist jedoch nicht die einzige Quelle ihrer nicht-spielerischen Aggressivität gegen andere Kinder und gegen Erwachsene; denn auch bei Erfüllung aller ihrer Bedürfnisse büßen Kinder ihre Aggressivität nicht völlig ein. Ja, je mehr man Kindern alles gewährt und alles erlaubt, was sie wollen, desto unleidlicher werden sie manchmal. Vielfach haben die Erwachsenen das Empfinden, die Kinder würden dann „ausprobieren, wie weit sie gehen können" und damit das Einschreiten der Erwachsenen geradezu provozieren. Das anscheinend grundlose Nein-Sagen und Bockigsein ist so kennzeichnend, dass man von einem „Trotzalter" spricht. Intelligente Kinder, die sich schon selbst beobachten können, fragen dabei manchmal: „Woher kommt eigentlich der Bock in mir?" Sie scheinen also eine Aggressivität in sich zu spüren, die sogar ihnen selbst nicht ganz „begründet" vorkommt.

Sofern diese Beobachtungen zutreffen und richtig gedeutet sind, gibt es also bei Kindern eine Art der Aggressivität gegen andere Kinder und gegen Erwachsene, die sich nicht durch Behinderung von Wunscherfüllung erklären lässt. In der Sicht der Verhaltensbiologie ist das nicht überraschend; ja, es wäre eher erstaunlich, wenn es eine solche Form der Aggressivität beim Kind nicht gäbe. Theoretisch wäre sie zu deuten als das Auskundschaften der Wesensart und der Reaktionsweisen der anderen Kinder und der Erwachsenen, um die Grenzen des eigenen sozialen Verhaltensspielraums kennen zu lernen („aggressive soziale Exploration") und womöglich zu erweitern. Zugleich ist es ein Angreifen mit dem Ziel, eine höhere Rangstufe in der Spielgemeinschaft oder der Familie zu erringen, um künftig mehr zu sagen zu haben.

Ein Beispiel, das aggressive soziale Exploration gegen einen Erwachsenen veranschaulicht, gibt folgender Bericht von einem kleinen Jungen zu Beginn des „Trotzalters": Ein Sohn, bisher „brav und gehorsam" und als Prachtexemplar gelungener Erziehung geltend, tritt eines Morgens, völlig überraschend, in den Türrahmen des Zimmers, stemmt beide Arme in die Hüften und erklärt seinem Vater: „So, Vati, jetzt hau ich dir eine runter." Damit aber nicht genug, er riskierte sogar einen Ringkampf mit dem Vater.

Ein Kind ist von Anfang an Mitglied eines Sozialverbandes. Um die sozialen Verhaltensweisen der anderen Mitglieder und deren Stellung in der Rangordnung und um die Verhaltensregeln und Traditionen der Gruppe kennen zu lernen, befolgt es unbewusst eine allgemein gültige Strategie: Das einzelne Individuum muss beim Hineinwachsen ins soziale Leben von sich aus an jedes andere Gruppenmitglied auf möglichst verschiedene Weise aktiv herantreten und dessen Reaktionen hervorlocken; dies muss sowohl kontaktsuchend als auch aggressiv geschehen. Auf andere Weise lassen sich die Wesensart der Gruppengenossen und die Verhaltensnormen der Gruppe nicht erkunden. Das kontaktsuchende und das angreifende soziale Auskundschaften muss sich in jeder Altersstufe wiederholen, da das Kind körperlich und geistig immer neue Fähigkeiten erwirbt und sich daher sozial jeweils neu orientieren muss.

Die amerikanischen Psychologen der Schule der Lerntheorie (Behaviorismus) haben lange Zeit mit einer solchen Art von Aggressivität nicht gerechnet. Folglich mussten sie alle nicht-spielerische kindliche Aggressivität als Antwort auf die Versagung von Triebwünschen betrachten (Aggressions-Frustrations-Theorie); und sie mussten folgern, dass das Erfüllen aller Wünsche, also eine konsequent gewährende Erziehung, die Aggressivität der Kinder und Jugendlichen weitgehend zum Verschwinden bringen müsste. Diese Theorie hatte und hat noch heute starke Auswirkungen auf die Erziehungspraxis. Das Ergebnis entsprach und entspricht aber den Erwartungen keineswegs. „Non frustrated children" (= nicht frustrierte Kinder) werden durchaus nicht friedlich, ausgeglichen und glücklich, sondern meist aggressiv, unausgeglichen und unzufrieden. Manche entwickeln sich zu Gegnern ihrer Mitmenschen, von denen sie, anspruchlerisch, immer noch mehr verlangen, obwohl es ihnen „eigentlich so gut geht wie niemandem je zuvor". Besonders rätselhaft musste es in der Sicht der Frustrations-Aggressions-Hypothese erscheinen, dass die Erfüllung von Wünschen und das Fallenlassen von Beschränkungen, gegen die sich die Angriffe der Kinder und Jugendlichen gerichtet hatten, deren Aggressivität nicht reduzierte, sondern vielfach erst recht anstachelte.

Dieser Widerspruch klärt sich, wenn man Folgendes bedenkt: Sind alle individuellen Bedürfnisse befriedigt, so sind zwar die Gründe für Frustrationen beseitigt; das beeinflusst aber nicht den Drang zur aggressiven sozialen Exploration und zur Verbesserung der Stellung in der Rangordnung. Das gilt nicht nur für kleine, sondern auch für ältere Kinder und Jugendliche. Das aggressive Auskundschaften der Wesensart des Partners und der Regeln des Zusammenlebens hat notwendigerweise ein Ziel eigener Art: Es besteht darin, dass der Partner auch wirklich reagiert. Darum kann und darf dem Drang zur sozialen Exploration keine eigene innere Begrenzung innewohnen: Das einzig sinnvolle Ziel ist die klärende Antwort des Partners. Sie kann und muss dem Herausforderer eine eindeutige Grenze setzen – Kinder und Jugendliche sind in der Regel überfordert, wenn man das von ihnen selbst erwartet oder verlangt.

Hat man sich diesen Umstand einmal klargemacht, so versteht man auch folgenden, sonst rätselhaften Tatbestand: Wenn Erwachsene gegen aggressive Herausforderungen von Kindern einschreiten und sich durchsetzen und wenn sie dabei gerecht sind *und* weder das Kind erniedrigen noch elementare Bedürfnisse oder sachlich berechtigte Wünsche unterdrücken, so wird das von Kindern in der Regel auch als gerecht und klärend empfunden und zieht keineswegs neuen Streit, sondern oft sogar besondere Kontaktbereitschaft nach sich. Wäre dagegen jede kindliche Aggressivität Ausdruck von Frustration, dann könnte die Zurückweisung durch die Erwachsenen niemals eine emotionale Entspannung hervorrufen, weil ja der Frustrationsgrund erhalten bliebe. Die Kenntnis der aggressiven sozialen Exploration als Sonderform der Aggression ist daher für das Verständnis der kindlichen Aggressivität von entscheidender Bedeutung.

Die Aggressivität kann manchmal für ein Kind auch ganz allgemein die Bedeutung haben, sich von den Eltern abzugrenzen und zu zeigen, dass es eigenständig ist und eigene Ziele verfolgt. Dies müssen die Eltern achten. Ein Kind muss sich, wenn es im Recht ist, auch gegen seine Eltern durchsetzen können.

Zusätzlich zu den drei bisher besprochenen Bereitschaften und Formen der Aggression gibt es beim Menschen noch mehrere weitere, die zum Teil auch bei Kindern zu beobachten sind:
- *Selbstverteidigung* sowie Verteidigung schutzbefohlener anderer Menschen oder Güter gegen äußere Bedrohung;
- Aggression gegen *Rivalen* bei der Werbung um die Gunst anderer Menschen;
- *Revierverteidigung:* Aggression gegen Eindringlinge ins eigene *Territorium* (Eigenrevier);
- *Gegenangriff aus Angst* im Falle der Unmöglichkeit, einer Bedrohung auszuweichen oder zu flüchten;
- *Gruppenaggression,* d. h. kollektiver Angriff gegen Menschen oder Menschengruppen, die (wirklich oder

angeblich) den eigenen Sozialverband, dessen Werte oder dessen Ehre angreifen oder bedrohen;
- Aggression gegen *Außenseiter*; sie kann sich steigern bis zum Hass gegen alles Anders- oder Fremdartige;
- aggressives Verhalten, das anderem aggressiven Verhalten, dessen Zeuge oder dessen Opfer man war, *nachgeahmt* wird;
- aggressives Verhalten aus *Gehorsam* auf Befehl, Anordnung oder Wunsch von anderen;
- Aggression aus *kalter Berechnung* im Dienst von Egoismus oder Machthunger.

Eigenrevier, Besitz. Beim Streit zwischen Geschwistern geht es vielfach um das (versehentliche oder absichtliche) Eindringen ins Eigenrevier des anderen und um dessen Verteidigung. Kleinkinder streben vom zweiten oder dritten Lebensjahr an, über ein kleines Eigenrevier, bestehend aus seinem Bett sowie, soweit möglich, einer Spielecke, einem Kindertisch mit Stuhl und einem Regal oder Schubfach für seine Spielsachen, zu verfügen. Die Eltern werden dem naturgegebenen Bedürfnis des Kindes gerecht, wenn sie diesen Freiraum ihres Kindes grundsätzlich achten, nicht unnötig in ihn eingreifen und dem Kind, falls nötig, darin beistehen, ihn gegen uneinsichtig störende ältere oder jüngere Geschwister zu verteidigen. Das Kleinkind entwickelt auch den Sinn für *eigenen Besitz*. Die Eltern handeln im Sinne des Kindes, wenn sie die kindlichen Besitzansprüche anerkennen und achten: Dem Kind sollte daher eigene Kleidung zustehen (die nur mit seiner Zustimmung von einem Geschwister angezogen werden darf), eigenes Essgeschirr (Becher, Löffel, Teller) und eigene Spielsachen. Über eigenen Besitz zu verfügen, ist eine Voraussetzung dafür, dass das Kind auch Achtung vor fremdem und öffentlichem Eigentum entwickelt.

Jedes Kind – ein Eigenwesen

Viele Kinder unterscheiden sich in ihrem Aussehen oder in ihrem Wesen völlig von beiden Eltern. Andere scheinen einem ihrer Elternteile „wie aus dem Gesicht geschnitten"; womöglich stimmen sie mit dem ihnen im Aussehen ähnlichen Elternteil dann auch im Wesen überein, aber das Gegenteil – Wesensverschiedenheit bei ähnlichem Aussehen – kommt gleichfalls vor. Bei manchen Kindern wieder scheint im Aussehen oder im Wesen ein Großvater oder eine Großmutter „durchzuschlagen". Die Vielfalt der Möglichkeiten von Übereinstimmungen und Unterschieden zwischen Kindern und ihren leiblichen Vorfahren ist unübersehbar. Wie lässt sich das erklären?

Gründe für die Unterschiede zwischen Eltern und Kind. Für jede vom Erbgut mitgeprägte Eigenschaft besitzt das Kind zwei Anlagen; eine kommt von der Mutter und eine vom Vater. In der Wirksamkeit überwiegt einmal die eine, einmal die andere; oder beide sind wirksam, dann liegt das Merkmal des Kindes – z. B. die Augen- oder Haarfarbe – womöglich zwischen denen der Eltern. Trotzdem ist kein Kind einfach als Kombination aus mütterlichen oder väterlichen Eigenschaften zu verstehen. Das hat zwei Gründe; diese sollte man auch darum kennen, weil Eltern mitunter rätseln, woher die eine oder andere Eigenschaft ihres Kindes stammen könnte, die sonst in der Familie oder Verwandtschaft noch niemals in Erscheinung trat.

Der erste mögliche Grund für Eltern-Kind-Unterschiede liegt darin, dass mit jeder Keimzelle eine andere Auswahl aus dem eigenen, von den Vorfahren stammenden Erbgut an das Kind weitergegeben wird. Diese Auswahl kann ebenso gut *dominante* Erbanlagen, die in der elterlichen Persönlichkeit zur Wirkung kamen, wie auch *rezessive* enthalten, die unwirksam („latent") blieben, weil ihre Wirkung von anderen Anlagen überdeckt wurde. Das Kind kann also auch Anlagen erben und durch sie geprägt werden, die im Aussehen und der Veranlagung seiner Eltern gar nicht hervortraten, vielleicht jedoch schon einmal bei einem von deren Geschwistern, einem Großelternteil oder einem noch ferneren Verwandten aufgetaucht waren. Hier liegt eine erste Ursache für Eltern-Kind-Unterschiede.

Der zweite Grund ist weitreichender und liegt tiefer. Er betrifft zwei oder mehr Gene, die miteinander in *Wechselwirkung* treten. Wenn zwei oder mehr Erbanlagen zusammenwirken, so bestehen für ihre Beziehung nicht nur die beiden schon genannten Möglichkeiten der Überlagerung der einen durch die andere und der Mischung, sondern aus der Kombination kann auch etwas Drittes, ganz Andersartiges hervorgehen. Besonders deutlich springt das in die Augen, wo in einer Geschwisterschar unvermittelt ein ganz besonders begabtes Kind auftritt, obgleich zuvor nirgends in der Vorfahrenschaft ein Anhaltspunkt für eine derartige Aussicht zu bemerken war. Hier haben also die Kombination und die Wechselwirkung zwischen elterlichen Anlagen etwas einzigartig Neues hervorgebracht.

Das Entstehen von Neuem durch Kombination widerspricht dabei keineswegs den Naturgesetzen; es kommt auch außerhalb der Lebenserscheinungen vor. Dies beweist schon unser Kochsalz: Seine farblosen, durchsichtigen, wasserlöslichen Kristalle schmecken salzig; seine Bestandteile sind jedoch ein gelbliches, stechend riechendes Gas (Chlor) und ein brennbares, silbrig glänzendes Leichtmetall (Natrium). Von den Charakterzügen seiner beiden Bestandteile ist am Kochsalz nichts, aber auch gar nichts zu bemerken. Die Kombination schafft aus ihnen etwas völlig Neues. Was beim toten Stoff vorkommt, ist erst recht beim Menschen möglich: Aus Kombinationen von Erbanlagen kann Neues hervorgehen, das in keinem Vorfahren existierte und das man darum im Voraus nicht zu ahnen vermag.

Aus diesen Zusammenhängen können Eltern lernen: Auch wenn sie ihr Kind gezeugt haben und es darum nur von ihnen stammende Erbanlagen besitzt, so ist doch die Kombination des Erbguts neu und ganz anders als bei ihnen selbst. Daraus kann eine Persönlichkeit von völlig anderem Wesen hervorgehen, von jedem Elternteil grundverschieden. Daraus folgt: Ein Kind, obgleich ihr eigen Fleisch und Blut, ist für Eltern ein unvorauszusehendes, unbekanntes Wesen; sie müssen alle Aufmerksamkeit daransetzen, es kennen zu lernen und als eigenständige Persönlichkeit zu begreifen. Erst dann werden sie ihm gerecht werden können.

Kinder verstehen. Alle Erwachsenen sind selbst einmal Kind gewesen; trotzdem fällt es ihnen oft nicht leicht, sich in Kinder hineinzudenken. Doch sollten sie sich darum bemühen; denn durch Einfühlung in die Kinder und durch Beobachten, wie sie sich verhalten, können Erwachsene bisweilen mehr für die Betreuung und Erziehung lernen als durch Ratschläge oder aus Büchern. Von den Kindern zu lernen ist wichtig, weil jedes als eigene Persönlichkeit besondere Fähigkeiten und Bedürfnisse, Stärken und Schwächen besitzt. Daher braucht jedes Kind andersartige Hilfe. Und: Was sich für das eine Kind günstig und positiv auswirkt, kann für ein anderes nachteilig und belastend sein.

2. Wie Eltern die Entwicklung ihres Kindes fördern

Stillen – die optimale Versorgung von Anfang an

Die Bildung der Muttermilch beginnt ganz allmählich schon im Verlauf der zweiten Schwangerschaftshälfte mit der *Vormilch*. Zum Geburtstermin steht sie dem Neugeborenen zur Verfügung. Dem Säugling sollte man sogleich nach der Geburt das Trinken ermöglichen, vor allem, wenn er schon von sich aus Suchbewegungen macht. Obwohl die erste Milch durchscheinend trübe, also eigentlich noch gar nicht wie richtige Milch aussieht, ist sie keine Vorstufe zur Milch, sondern die erste richtige Milch und verdient daher den Namen *Erstmilch*. Es gibt keinen vernünftigen Grund, sie dem Säugling vorzuenthalten. Der Ausdruck „Einschießen der Milch" (zwei bis vier Tage nach der Entbindung) hat früher sicherlich manchmal zu der Vorstellung beigetragen, erst jetzt entstehe „richtige" Milch. Es trifft jedoch nicht zu, dass in den ersten Tagen nach der Geburt „noch keine Milch da sei", wie man es häufig hört. In Wirklichkeit wird beim „Einschießen der Milch" nur die schon vorhandene erste Milchart durch die zweite Milchart („Übergangsmilch", *Zweitmilch)* abgelöst, der dann später die dritte Milchart („reife Muttermilch") folgt.

Die *Erstmilch* (Kolostrum) enthält alles, was das Neugeborene in den ersten Tagen an Nahrung, Flüssigkeit und an Immunschutz braucht. Sie ist sehr eiweißreich und hat einen besonders hohen Gehalt an *Immun-*

substanzen. Sie kann industriell bisher auch nicht annähernd nachgeahmt werden. Wenn das Kind – wie es natürlich ist – Nahrung bekommt, wann es will, kann die Erstmilch in der Regel auch mengenmäßig die Ernährung des Neugeborenen in seinen ersten Lebenstagen voll gewährleisten. Ihr Kaloriengehalt übertrifft den der nachfolgenden Milch bei weitem. Die Kinder brauchen deshalb bis zum zweiten oder dritten Tag auch nur kleinere Mahlzeiten. Mit der Erstmilch steht also für das Kind eine besonders wertvolle Nahrung zur Verfügung. Durch den Irrtum, es sei noch keine Milch vorhanden, kommt das Kind mitunter auch heute noch nicht in den Genuss der Erstmilch und wird stattdessen mit künstlicher Nahrung aus der Flasche ernährt. Es gilt also heute – soweit noch nicht geschehen – die Erstmilch, das Kolostrum, als die bestgeeignete erste Säuglingsnahrung anzuerkennen.

Für einen möglichst baldigen Beginn des Stillens sprechen auch einige physiologische und immunologische Argumente: Durch die Sinnesreize an der Mamilla (Brustwarze) wird im mütterlichen Körper der Milchspende-Reflex ausgelöst, und zwar vermittels der Ausschüttung des Hormons Oxytocin; dies aber fördert zugleich auch die Rückbildung der Gebärmutter. Es gehört oder gehörte in diesem Sinne zum Fachwissen der Hebammen, dass man das Neugeborene vor allem dann unbedingt anlegen sollte, falls es gilt, eine nachgeburtliche Blutung der Mutter zu stillen (dies ist jedoch nur eine unter mehreren Maßnahmen, die in diesem Fall ergriffen werden).

Übergangsmilch. Zwischen dem zweiten und vierten Tag nach der Geburt beginnt sich in der Brust „Übergangsmilch" zu bilden. Sie ist gelblich und sieht kremig, fast sahnig aus. Bei vielen Frauen ist diese Umstellung mit einer deutlichen Schwellung und Spannung der Brüste verbunden: Man spricht vom „Einschießen der Milch". Hierdurch kann es für den Säugling vorübergehend schwieriger werden, die Warze und den Warzenhof hinreichend weit in den Mund hineinzuziehen; man muss ihm dabei gegebenenfalls Hilfe leisten. Wenn das gelingt und wenn das Kind nach Bedarf gestillt wird, verschwindet die Spannung in der Brust in der Regel bald wieder. Einige Zeit später, meist vier bis sechs Wochen nach der Geburt, nimmt die Brust dann eine geringere Größe an, die sie bis zum Ende des Stillens beibehält.

Manche Frauen aber spüren das „Einschießen der Milch" so gut wie gar nicht; und ihre Brüste schwellen nicht oder nur geringfügig an. Das bedeutet jedoch keineswegs, dass hier zu wenig Milch gebildet wird.

Reife Muttermilch. Etwa am sechzehnten Tag nach der Geburt verändert sich die Zusammensetzung und das Aussehen der Muttermilch noch einmal. Von nun an wird *reife Muttermilch* gebildet. Sie sieht rein weiß, beinahe etwas bläulich aus und erinnert daher ein wenig an fettarme Kuhmilch. Reife Muttermilch ist die vollwertige Ernährung des Säuglings. Sie stellt alle für die Entwicklung des Kindes notwendigen Nährstoffe und Vitamine in ausreichender Menge bereit.

Eigenschaften der Muttermilch. Die Muttermilch enthält als Grundbestandteile Wasser, Eiweiß, Fette, Kohlehydrate, Mineralien und Vitamine. Das Muttermilcheiweiß ist so zusammengesetzt, dass es vom Kind so gut wie vollständig verwertet werden kann. Die Belastung der Verdauungsorgane und des Stoffwechsels ist minimal. Die Muttermilch enthält etwa 150 verschiedene Fettarten, von denen viele noch in ihrer Struktur und Funktion unbekannt sind. Die Fette der Muttermilch werden besser vom Darm des Kindes aufgenommen als die der Kuhmilch. Brustkinder scheiden so gut wie kein Fett mit dem Stuhl aus. Auch die anderen Bestandteile der Muttermilch sind biologisch an die

Bedürfnisse des Säuglings angepasst. Ist die Milchmenge einmal knapp, so verdaut der Säugling fast alles und hat unter Umständen bis zu einer Woche lang gar keinen Stuhlgang; nur der Harn fließt regelmäßig und reichlich. Verstopfung kommt bei Brustkindern so gut wie niemals vor.

Infektionsschutz durch Muttermilch. Die im Absatz über die Vormilch erwähnten Immunsubstanzen schützen den Säugling vor Infektionen. Im Unterschied zu anderen Eiweißen werden sie vom Magen- und Darmsaft nicht unwirksam gemacht. Ein Teil von ihnen übt seine Wirkung direkt im Darm aus, ein anderer Teil wird in den Körper des Kindes aufgenommen und trägt dort zur Infektionsabwehr bei. Auch manche Fette der Muttermilch sind an der Abwehr von Infektionen beteiligt. Darüber hinaus enthält die Muttermilch lebende Zellen, darunter pro Kubikmillimeter mehrere Tausend eigenbewegliche Makrophagen (Bakterienfresser) sowie Substanzen, die nur bestimmte Bakterienarten im Magen und Darm des Säuglings zulassen und dadurch gegen infektiös bedingte Verdauungsstörungen Schutz bieten. Dies kann bedeutungsvoll sein, weil bestimmte Darmerkrankungen des Säuglings die Entwicklung seines noch unfertigen Immunsystems unter Umständen schwer beeinträchtigen und in manchen Fällen sogar eine lebenslang anhaltende Schwäche seiner Infektionsabwehr nach sich ziehen.

Aus *immunologischer* Sicht ist es günstig, wenn sich auf der Haut und in den Verdauungsorganen des Neugeborenen solche Bakterienstämme ausbreiten, mit denen bereits der Organismus der Mutter im Gleichgewicht steht. Gegen diese bekommt das Kind vor der Geburt durch die Plazenta und später mit der Muttermilch bereits die Immunabwehr geliefert. Anderenfalls wird das Neugeborene eher mit Bakterienstämmen aus der Klinik besiedelt, gegen die es womöglich nur viel schwächere oder gar keine Immunreaktionen mobilisieren kann. Hiermit steht eine angeborene Verhaltensdisposition des Neugeborenen im Einklang: Bald nach der Geburt ist es bereit, langdauernd die Mamilla der Mutter zu belecken; dadurch übernimmt es deren Bakterienflora.

Das *Stillen nach Bedarf* – anstatt nach starr festgelegtem Zeitplan – ist für den Säugling und für seine Mutter die naturgegebene Fütterungsweise. Zumindest in den ersten Lebenswochen ist es daher zu empfehlen. Es führt nicht – wie immer wieder gefürchtet wird – zu einer unangemessenen Anspruchshaltung des Kindes. Wie die Erfahrung zeigt, halten Säuglinge, die in den ersten Lebenswochen nach Bedarf gefüttert werden, bald von sich aus ohne lange Schreiperioden einen bestimmten Rhythmus ein, vielfach einen Vierstundenrhythmus. Diesen Rhythmus kann man vorsichtig, also ohne Schreienlassen des Säuglings, an praktische Belange angleichen – „synchronisieren" –, aber man sollte nichts zu erzwingen versuchen: weder durch Schreienlassen, bis die Normzeit gekommen ist, noch durch Herausreißen des Kindes aus tiefem Schlaf, um die Normzeit einzuhalten. Weinen in der Nacht etwa vier Stunden nach der letzten Mahlzeit ist oft ein Signal des Säuglings, dass er zur Nahrungsaufnahme bereit ist. Dann ist das Verabreichen einer Mahlzeit geboten.

Jede Mahlzeit sollte dem Säugling grundsätzlich dreierlei gewähren:
1. eine 15- bis 20-minütige Saugtätigkeit;
2. eine seinem jeweiligen Hunger angemessene Trinkmenge; und
3. ein Verhaltens-Wechselspiel voller Zugewandtheit mit der Mutter, das zur beiderseitigen individuellen Bindung beiträgt.

Nächtliches Stillen ist keine Verwöhnung, sondern hat mit der inneren Uhr des Säuglings zu tun, die in der Regel einige Wochen braucht, bis sich die Nachtpause einspielt. Jede Maßnahme im Widerspruch zu einem endogenen physiologischen Rhythmus kann aber ein gesundheitliches Risiko herbeiführen. Diese allgemeine Aussage gilt im Übrigen für alle Lebensalter des Menschen. Kinder, die ihre Mahlzeiten im Einklang mit dem Rhythmus ihrer eigenen Bedürfnisse erhalten, neigen weniger zur Nervosität und tragen bald ein besonders ausgeglichenes, zufriedenes und aufgeschlossenes Wesen zur Schau.

Wiegen des Säuglings nach jeder Mahlzeit? Das Wiegen nach jeder Mahlzeit veranlasst manche Mütter dazu, jedes Mal die getrunkene Menge mit dem Wert einer Tabelle zu vergleichen, die den durchschnittlichen Trinkbedarf von Säuglingen verschiedenen Alters widerspiegelt. Je gewissenhafter nun eine Mutter ist, desto eher wird sie jede Abweichung vom Tabellen-Sollwert mit Unruhe betrachten, auch wenn der Grund in einer natürlichen Schwankung des Bedarfs oder in der individuellen Natur ihres Kindes liegt. Hatte das Kind weniger getrunken, als die Tabelle angibt, wird sie dazu neigen, „zuzufüttern". Daraufhin ist der Hunger bei der nächsten Mahlzeit natürlich geringer, als er ohne das vorherige Zufüttern gewesen wäre; so wird der Säugling dann weniger trinken und weniger stark saugen. Dies kann die Milchbildung in der Brust ungünstig beeinflussen: Die daraufhin noch geringere Milchmenge gibt zu weiter vermehrtem Zufüttern Anlass. So steigert sich ein Wechselgeschehen mit der Konsequenz, dass das Saugen des Kindes und die Milchbildung sich verringern. Ein vorzeitiges Versiegen der Milchbildung kann die Folge sein und den Übergang vom Stillen zur Flasche erzwingen. Kybernetisch betrachtet, setzt das jedesmalige Ausgleichen von Unterschreitungen des Tabellensollwerts durch Zufüttern den Rückwirkungszweig des Ernährungs-Regelkreises, nämlich die Beziehung zwischen dem Hunger des Säuglings und dessen Signalwirkung auf die mütterliche Milchbildung, außer Kraft. Daher ist zu empfehlen: Das Gewicht des Säuglings sollte wohl kontrolliert werden, aber, falls der Arzt es nicht ausdrücklich anders verordnet, nicht nach jeder Mahlzeit, sondern zunächst einmal täglich, später einmal wöchentlich. Das genügt, um festzustellen, ob das Kind langfristig zunimmt.

Sichere Bindung des Säuglings ermöglichen

Zwischen Säugling und Mutter werden vielfältige Signale ausgetauscht, die über die Sinnesorgane eintreten und das zentrale Nervensystem und das Hormonsystem beeinflussen. Je länger eine Mutter ihr neugeborenes Kind in dessen ersten Lebenstagen sieht, es bei sich hat und es schon pflegen darf, desto stärker fühlt sie sich später gefühlsmäßig bereit, es zu betreuen.

Schon vor mehr als 50 Jahren erprobte die amerikanische Kinderärztin Edith Jackson die Möglichkeit, in der Entbindungsstation die Säuglinge bei ihren Müttern zu lassen (Mutter-Kind-Zimmer, *rooming-in*). Trotzdem verbrachten in den 1970er Jahren noch alljährlich Hunderttausende von Müttern der hoch zivilisierten Länder die Klinikzeit getrennt von ihrem Baby. Sie wussten nicht, wie es ihrem Säugling ging – ob er schlief oder ob er weinte; sie konnten nicht beobachten, wie ihn die erfahrenen Säuglingsschwestern versorgten, lernten also nicht, mit dem Säugling umzugehen. Sie kamen mit ihrem erstgeborenen Kind unerfahren, unsicher und ängstlich nach Hause. Erst dort konnten sie die Säuglingspflege lernen, eine richtige Bindung zu ihrem Kind entwickeln und seine Eigenart kennen lernen. Inzwischen sind glücklicherweise Mutter-Kind-Zimmer allgemein üblich geworden; und die Klinik hat ihre Aufgabe erfasst, mit Hilfe der Kinderschwestern durch Anleitung und Aufklärung die Unsicherheit der Mütter zu mindern und die Partnerschaft Säugling-Mutter (= Symbiose, Dyade) zu stiften und zu festigen.

Wache Stunde nach der Geburt. Viele Babys öffnen in der ersten Stunde nach der Geburt für längere Zeit ihre Augen, sind lebhafter und schlafen weniger als in den folgenden 24 Stunden. Dies jedenfalls berichten übereinstimmend viele Hebammen, Geburtshelfer und andere erfahrene Beobachter, so dass man wohl vermuten darf: Diese frühe Stunde der Wachheit könnte trotz aller Ausnahmen, die auch vorkommen, eine angeborene Grundlage haben, also zum biologisch bedingten Normalverhalten des Neugeborenen gehören. Wäre dies der Fall, so stände damit eine Bereitschaft der Mütter im Einklang: Viele Mütter erleben ein überwältigendes Glücksgefühl, wenn sie ihr Baby gleich nach der Geburt in dessen erster Lebensstunde in ihren Armen halten, in seine offenen Augen schauen und mit ihm eine erste Zwiesprache führen können. Jede Bewegung des Babys, vor allem auch jeder Blick, ist für Mütter in dieser Stimmung ein mit tiefer innerer Freude empfangenes Geschenk.

Anwesenheitszeichen der Eltern für den Säugling. Der junge Säugling nimmt bestimmte, sehr einfache Wahrnehmungen als Zeichen dafür, dass er nicht allein und verlassen ist. Das Streicheln der Wangen kann ihn beruhigen, vor allem aber, auf den Arm oder ins Bett genommen zu werden. Auch der ruhige Herzschlag der Mutter sowie gleichmäßiges Rauschen kann diese Wirkung haben. Eltern auf der ganzen Welt wissen auch: Manchen Säugling kann man beruhigen, wenn man ihn auf dem Arm hin und her wiegt. Die Wirkung rhythmischer Bewegung scheint so tief in der Natur des Säuglings verankert zu sein, dass sie auch dann erhalten bleibt, wenn die Bewegung mechanisch ausgeführt wird:

Die Wiege war ein zum Bewegen des Babys erdachtes Bettchen, und auch andere Konstruktionen zum Bewegen schlafender Babys sind weltweit verbreitet. Auch bei Frühgeborenen kann das Bewegtwerden die Gesundheit fördern; man verwendet rhythmisch bewegte Brutkästen. Eigentlich ist es merkwürdig, dass das Bewegtwerden das Baby keineswegs stört und am Schlafen hindert, sondern es beruhigt und einschlafen lässt; der Grund hierfür ist vermutlich ein biologischer: Das Bewegtwerden ist im natürlichen Lebenszusammenhang ein Zeichen dafür, getragen zu werden, also im Schutzbereich der Mutter zu sein. Der menschliche Säugling ist ein „Tragling".

Reaktionen auf Gefahren aus der Umwelt. Bei jeder Gefahr ist für den Säugling das Wichtigste, was er tun kann, mit seinem Alarmruf die schützenden und helfenden Eltern herbeizurufen. Das Weinen des Säuglings ist ein allgemeines Notsignal und kann bedeuten: Schreck, Schmerz, Kälte oder Hitze, Hunger, volle Windeln, aber auch Verlassenheitsangst. In jedem Einzelfall muss man den Grund aus der Situation erschließen oder ausprobieren, was den Säugling beruhigt. Handelt es sich um Verlassenheitsangst und hat sich das Kind nicht in allzu große Verzweiflung oder Erregung hineingesteigert, so verstummt das Weinen, wenn der Säugling die Anwesenheit eines schützenden Erwachsenen spürt, vor allem, wenn er auf den Arm oder ins Bett genommen wird.

Signalbedeutung des Weinens. Wenn verschiedene Babys in einem Raum liegen und eines weint, so kann dessen Mutter die Stimme ihres eigenen Kindes sofort von den Stimmen der anderen unterscheiden: *Mein* Kind weint. Demgegenüber möchte man es nicht glauben – es hat sich aber in allen kritischen Untersuchungen bestätigt: Das Säuglingsweinen kann zwar sehr verschieden klingen, manchmal mehr nach Wut, manchmal mehr nach Jammer; aber wenn man es nur hört und über die übrigen Umstände nicht Bescheid weiß, lässt es nicht erkennen, ob es gerade Schmerz, Schreck, Hunger, Hitze, Kälte oder Verlassenheitsangst anzeigt. Auch Mütter versagen dabei zu ihrer eigenen Überraschung und Enttäuschung, wenn man ihnen verschiedene Arten des Weinens ihres eigenen Säuglings vom Tonband vorspielt. Dass die Mütter den Grund des Weinens ihres Kindes im täglichen Umgang in der Regel richtig deuten, liegt daran, dass sie die Gesamtsituation mit allen Sinnen erfassen und daraus für ihr Handeln die richtigen Schlussfolgerungen ziehen.

Reagieren auf Weinen. Das Schreien des Säuglings ist ein Signal, das – biologisch sinnvoll – einen unerwünschten Zustand kundgibt und von Natur aus für die Mutter/den Vater einen appellierenden Charakter hat. Es ist nicht zu empfehlen, sich durch Selbsterziehung gegen diesen Appell zu verhärten. Vater oder Mutter sollten auf alle Fälle nach ihrem weinenden Kind schauen und versuchen, die Ursache für seinen Hilferuf zu ergründen. Genügt eine sanfte Bewegung des Bettchens und begütigendes Sprechen, um das Baby wieder einschlafen zu lassen, so bedeutete das Weinen, dass sich das Kind verlassen fühlte und eine Anwesenheitsbestätigung eines Elternteils benötigte. Tritt keine Beruhigung ein, so ist zu überprüfen: Ist das Kind zu warm oder zu kühl zugedeckt? Sind die Windeln schmutzig? Hat das Kind Hunger? Mit wachsender Erfahrung finden die Eltern immer schneller den Grund für das Weinen. Es ist für die gesunde Entwicklung des Kindes wichtig, auf seine Appelle Antwort zu finden. Deshalb ist es richtig, sich um einen Säugling zu kümmern, wenn er schreit.

Gründe dafür, Säuglinge nicht lange weinen zu lassen. Es ist falsch zu meinen, einem Säugling müsse zwar geholfen werden, wenn er aus Hunger weint oder weil die Windeln nass sind, man solle ihn aber ruhig schreien lassen, wenn er „nur Gesellschaft will, weiter gar nichts". Die hierin deutlich werdende Einschätzung ist aus zwei Gründen unrichtig:

1. Der Säugling kann nicht die gleiche Einsicht in seine gesicherte Lage haben wie die Erwachsenen und wissen, dass er – obwohl allein im Zimmer oder in der Dunkelheit – nicht verlassen ist. Aus diesem Grunde ist für ihn das Fehlen des Anwesenheitssignals der Mutter ein Zeichen für den vermeintlichen Verlust des Kontaktes mit ihr.

2. Die Anwesenheitsbestätigung der Erwachsenen ist für den Säugling ebenso wichtig wie das Füttern und das Trockenlegen; das Fehlen des Kontaktes ruft einen inneren Zustand von gleich großer Bedeutung hervor wie Hunger oder Schmerz, nämlich Angst. Angst ist keineswegs eine „rein subjektive Angelegenheit", sondern sie geht mit weitreichenden Umschaltungen im Nerven- und Hormonsystem einher; beispielsweise werden die Verdauungsfunktionen weitgehend unterdrückt. Ein in Verlassenheitsangst weinender Säugling ist im Zustand des Stresses.

Manche Betreuer geben weinenden Säuglingen darum keine Anwesenheitszeichen, weil sie fürchten, sie zu verwöhnen und daraufhin von ihnen tyrannisiert zu werden. Eine solche Erziehung wäre vielleicht begründet und richtig, wenn Säuglinge schon Einsicht in räumliche Verhältnisse („Mutter im Nebenzimmer") gewinnen könnten und wenn es sich beim Kontakt mit der Mutter nur um eine Verschönerung des Daseins für den Säugling handeln würde, nicht aber um eine für die gesunde Entwicklung notwendige Vorbedingung. Wenn eine Mutter den Säugling durch ihre liebevolle Betreuung zufrieden stellt, so ist das kein Sich-Tyrannisieren-Lassen, sondern das Erfüllen einer Betreuungsaufgabe; denn die Anwesenheit der Mutter bedeutet Schutz vor der Verlassenheitsangst. Überdies: Kinder, die zu Beginn ihres Lebens ausgiebig betreut wurden, werden später schneller selbständig und unabhängig von der elterlichen Fürsorge, sie werden weniger leicht zu sich anklammernden Problemkindern. Mangelnde Fürsorge im ersten Lebensjahr führt dagegen eher zu einem Vielfachen an Sorgen und notwendigem Einsatz der Eltern in den Kleinkindjahren und in der Schulzeit.

Individuelle Bindung ermöglichen. Vom Lebensbeginn an, in Notfällen jedoch spätestens vom 3. Lebensmonat an, sollte das Kind eine liebevolle, ständig verfügbare Dauerbezugsperson haben. Täglich sollte das Kind mehrmals mit seiner mütterlichen Betreuerin Kontakt pflegen können. Dabei sollten sie einander anschauen, anlächeln und zueinander zärtlich sein. Im Allgemeinen vollzieht sich das Anschauen ohnehin während des Stillens und bei der Körperpflege, da der Säugling dabei oft das Gesicht der Mutter fixiert. Bei Flaschenernährung des Kindes sollte man die natürliche Stillsituation soweit wie möglich nachahmen, das Kind also beim Füttern in den Armen halten.

Die *Umgangsweisen* der Eltern mit dem Säugling beeinflussen seine spätere Persönlichkeitsentwicklung. Je mehr Mutter und Vater den Säugling herzlich anlächeln, ihn ansprechen, kleine Spiele (Hochnehmen, Guck-da) mit ihm machen und ihn streicheln, desto mehr Signale werden zwischen ihnen ausgetauscht. Wenn Eltern dagegen die Betreuung ihres Säuglings möglichst schnell „erledigen", um sich dann vermeintlich vordringlicheren Arbeiten zuzuwenden, oder wenn eine Pflegerin die Arbeit mit Säuglingen nüchtern als Pflicht durchführt, beispielsweise weil sie, wie in manchen Säuglingsheimen und Krippen, zu viele Kinder betreuen muss, dann liefern sie ihm womöglich viel weniger von diesen Entwicklungsanreizen. Beide Eltern, ihr Spiel und ihre Zärtlichkeit geben dem Kind Anregungen, um seine Bereitschaft, sich für seine Umwelt zu interessieren, zu aktivieren und zu stillen. Deshalb wirken Kinder, deren Eltern sich bereits in den ersten Lebensmonaten liebevoll mit ihnen beschäftigt haben, vielfach „wacher" und besitzen bessere Voraussetzungen zur geistigen Entfaltung. Anregungen in dieser frühen Phase sind vermutlich am wirksamsten, wenn sie in einer ruhigen Umgebung und von nicht zu vielen Personen ausgehen. Auch sollte ein Kind, solange es wach ist, Ausblick auf die Umgebung haben. Es sollte beispielsweise die Mutter bei der Arbeit beobachten können. Dafür gibt es kleine „Babyliegestühle", in denen das Kind für kürzere Zeitdauer schräg aufrecht liegt und freien Blick hat. Wie sehr das Beobachten von Bewegungen den Bedürfnissen eines Kindes entspricht, kann man erkennen, wenn man das Kind im Wagen unter vom Winde bewegte Bäume stellt: Seine Augen folgen dann geradezu fasziniert dem Schwingen der Zweige.

Hier sei nochmals ein Gesichtspunkt betont, der viele Mütter und Väter daran hindert, ihren Säuglingen uneingeschränkt das zu geben, dessen sie bedürfen: *In den ersten Lebensmonaten besteht noch keine Gefahr der Verwöhnung.* Eine Wunscherfüllung aufzuschieben, können Eltern bei ganz besonders ausgeglichenen und ruhigen Säuglingen vielleicht schon in den letzten Monaten des 1. Lebensjahres einüben; als Erziehungsaufgabe gehört dies aber erst in die Kleinkindzeit (ab dem 2. Lebensjahr), insbesondere dann, wenn das Kind schon die Sprache der Eltern verstehen kann.

Unvermeidliche Trennung vom Kind. Was aber ist zu tun, wenn eine Trennung zwischen einer Mutter und ihrem Kind unvermeidlich ist, etwa weil die Mutter ins Krankenhaus muss? Hierbei ist in Betracht zu ziehen:
1. dass es *besonders* störanfällige Lebensphasen des Kindes gibt (3. bis 24. Lebensmonat),
2. dass ein Kind nicht nur an die Mutter gebunden ist, sondern zusätzlich an den Vater, an die Geschwister

und gegebenenfalls an andere Verwandte oder Freunde, ferner auch an die gegenständliche Umwelt (Wohnung, Garten, Spielsachen) und an die zeitliche Gliederung des Tagesablaufs.

Als Faustregel kann gelten: Grundsätzlich jede Trennung von der Hauptbezugsperson, vor allem, wenn sie einem sensiblen Säugling oder Kleinkind zugemutet wird, kann dem Kind seelischen Schaden zufügen. Bei unvermeidlichen Trennungen kommt es daher darauf an, dass für das Kind an der eben gekennzeichneten Gesamtsituation (bekannte Menschen, gegenständliche Umwelt, Tagesablauf) möglichst viel erhalten bleibt. Die Umstellung sollte nicht abrupt, sondern allmählich erfolgen; daher sollte die neue Haupt-Betreuungsperson schon vor dem Weggang der Mutter im Hause sein, mit dem Kind spielen und sich mit ihm vertraut machen. Auch sollte der Wechsel der Betreuerin zeitlich möglichst weit entfernt von der sensiblen Phase für die Entstehung der individuellen Mutter-Kind-Bindung (3. bis 24. Lebensmonat) liegen. Wenn es geht, sollte jedoch eine – auch vorübergehende – totale Trennung von der Mutter, also ein Nacheinander verschiedener Betreuungssituationen, überhaupt vermieden werden; keinesfalls sollte man zugleich mit der Trennung von der Mutter das Kind auch aus seiner gewohnten Umgebung herausnehmen: Wenn möglich sollte der dem Kind vertraute Vater Urlaub nehmen und sein Kind zu Hause betreuen.

Berufsausbildung und Erwerbstätigkeit von Säuglingsmüttern. Aus den beschriebenen Gründen ist es Müttern von Säuglingen nachdrücklich zu empfehlen, keiner ganztägigen Tätigkeit außer Hauses nachzugehen. Junge Mütter, die hauptsächlich für die Betreuung ihres Kindes zuständig sind, erleben ihr Gebundensein an die Pflege des kleinen Kindes mit viel größerer innerer Befriedigung, wenn sie sich klar machen, einen wie wertvollen Einsatz sie dabei für ihr Kind leisten.

Sollte es aber für die Mutter eines Säuglings oder Kleinkinds nicht anders möglich sein, als ihre Ausbildung oder Berufstätigkeit weiterzuführen, so sollte sie doch selbst die tägliche Betreuung ihres Kindes soweit als möglich übernehmen, d. h. dem Kind genügend Zeit und genügend Zuwendung widmen und regelmäßig bestimmte herausgehobene Tagesereignisse ermöglichen, wie etwa das Aufwachen, das Frühstück, möglichst weitere Mahlzeiten, eine Kontakt- oder Spielstunde, das Zu-Bett-Bringen, Schlaflied und eine ausführliche Erzählphase vor dem Einschlafen mit dem Kind teilen. Je weniger man ein Kind in seinen frühesten Lebensphasen durch beunruhigende Wechsel der Lebenssituation verunsichert und verängstigt, desto schneller überwindet es später die Abhängigkeit von den Eltern und wird selbständig.

Kindliches Streben nach Selbständigkeit unterstützen

Ein Leitmotiv der *Kleinkindzeit* (2. bis 6. Lebensjahr) heißt für das Kind: Selbständigwerden. Dabei ist für das Kind besonders wichtig, dass es neben den Eltern mehrere Erwachsene und Kinder kennen lernt, mit vielen Dingen umgehen lernt und körperliche Fähigkeiten entwickelt und erprobt. Weiterhin gehört dazu: immer längere Zeiten ohne den unmittelbaren Kontakt mit den Eltern auszukommen. Das heißt aber nicht, dass das innere Band zur Mutter und zum Vater gelockert wird. Im Gegenteil: Das Selbständigwerden des Kindes bedeutet, dass es sich neue Handlungsräume erschließt, und zwar von der Basis aus, die die bleibenden tragfähigen Bindungen an die Eltern bilden. Die Eltern sollten das Selbständigwerden der Kinder fördern. Allerdings lässt sich das nicht erzwingen, etwa indem man ein Kind absichtlich allein lässt und es ängstigenden Situationen, in denen sich Kinder hilflos fühlen, aussetzt. Stattdessen gilt es, die eigenen Tendenzen der Kinder zum Selbständigwerden zu unterstützen.

Das Kleinkind braucht von Monat zu Monat mehr die Möglichkeit, sich in eine räumliche Distanz zur Mutter oder zum Vater zu begeben, ohne sie dabei ganz aus dem Blickfeld oder der Rufnähe zu verlieren. Es muss sich gelegentlich der Anwesenheit der Mutter oder des Vaters versichern können. Doch sollten Eltern dem Kind diesen Schutz nicht aufdrängen. Ein Behüten auf Schritt und Tritt, das dem Kind einredet, die Welt sei voller Gefahren, führt zu Schüchternheit, Ängstlichkeit und Weltfremdheit des heranwachsenden Menschen und später dann oft zum Hass gegen die einengenden Erzieher.

Körperliche Bewegung. Kleine und größere Kinder haben, wenn sie gesund aufwachsen, Lust am Herumrennen, Springen, Klettern und an wilden Spielen. Es ist Sache der Erwachsenen, den Kindern hierzu ausgiebige Möglichkeiten zu verschaffen. Dabei gehört es zu den notwendigen Erfahrungen, hinzufallen, sich zu klemmen oder vom Regen durchnässt zu werden. Es ist ein Kunstfehler der Erziehung, Kinder übermäßig zu bemitleiden oder aber zu bestrafen, wenn sie hingefallen sind. Auf diese Weise erzieht man ängstliche, ungewandte Kinder. Langdauernde Bewegungsminderungen sollten einem Kind in diesem Alter nicht ohne Not zugemutet werden.

Unterstützen von Verhaltensfortschritten. Die Eltern sollten einem Kleinkind keine Handlungen abnehmen, die es selbst tun kann und will. Beispielsweise soll man es keine Treppen hinauftragen, die es schon selbst bewältigen kann. Ein Kleinkind braucht Zeit und Gelegenheit, mit den täglichen Dingen selbst zu hantieren. Hat das Kind dabei Erfolg, sollte der Erwachsene darüber seine Mitfreude äußern. Bei wiederholten und entmutigenden Misserfolgen sollte er behutsam und unaufdringlich zum Gelingen beitragen. Frühzeitig zu lernen, sich selbst anzuziehen, zu waschen, zu essen und die Essensmenge selbst zu bestimmen, fördert die Unabhängigkeit und Selbständigkeit. Werden einem Kind in Anwesenheit seiner Eltern Fragen gestellt, so sollen die Eltern das Kind antworten lassen, auch wenn sie es selbst besser könnten; sonst fühlt sich das Kind zu Recht „bevormundet" und in seiner Selbständigkeit beeinträchtigt.

Hindern Eltern ihr Kind häufig daran, selbständig etwas zu tun, so ist es nicht erstaunlich, wenn es sich aggressiv gegenüber den Eltern verhält. Denn auch wenn die Erwachsenen dem Kind in guter Absicht eigenständiges Handeln versagen, z. B., weil sie ihm Mühe abnehmen oder alles möglichst schön vormachen wollen, so hemmen sie es doch in seinem Drang, Selbständigkeit zu erringen. Wird die berechtigte Aggressivität des Kindes dann noch als Undankbarkeit bestraft, so wird damit ein negativer Wertakzent gelegt, weil das Kind nun womöglich seinen Drang zum Selbständigwerden bestraft fühlt. Die Folge besteht dann in dem, was die Erwachsenen am meisten fürchten: Sie erziehen ein Kind, das passiv darauf wartet, dass jemand anderes das tut, was eigentlich seiner eigenen Initiative entspringen sollte, also ein unselbständiges, später gegen sie aggressives und schließlich undankbares Kind.

Entwicklung des Sprechens. Das Sprechen beginnt in verschiedenem Lebensalter, manchmal schon vor dem 1. Geburtstag, bei anderen Kindern erst mit 18 Monaten oder später. Eltern sollen wissen: Kinder haben ihre individuelle Zeit für den Beginn des Sprechens. Manche Kinder hören und verstehen gut, was die Mutter sagt. Auf Aufforderung bringen sie Gegenstände, aber selbst sprechen sie noch nicht. Doch speichern sie das Gehörte, und wenn sie dann zu sprechen anfangen, tun manche Kinder es gleich sehr vollständig. Eltern sollten daher vertrauensvoll abwarten und nicht ungeduldig auf das Kind einzuwirken versuchen, sonst verknüpft sich für das Kind womöglich das Sprechen mit Nervosität und Ärgerlichkeit der Eltern, also mit etwas Unangenehmem. Das wirkt hemmend statt fördernd. Eltern sollten stattdessen freundlich lächelnd ihr Kind anschauen, vor seinen Augen mit einem Gegenstand hantieren und dabei dessen Namen sagen. Die Mutter kann ihre eigenen Tätigkeiten mit einfachen Sätzen begleiten: Mama fegt. Mama wäscht die Hände. Sie kann die Körperteile des Kindes beim Waschen und Abtrocknen benennen: Arm, Händchen usw. All das hilft dem Kind beim Sprechenlernen.

Nicht nur der Zeitpunkt des Sprechbeginns, sondern auch die Anzahl der Wörter, die ein Kind in einem bestimmten Alter beherrscht, ist von Kind zu Kind sehr unterschiedlich. Gleich ist bei allen Kindern, dass sie mit dem so genannten Einwortsatz beginnen; „aua" bedeutet: ich habe mir wehgetan. Es folgen dann Zweiwortsätze, z. B. „Mark ada": Mark möchte spazieren gehen …

Falls eine Mutter besorgt ist, ob ihr Kind in seinem Sprechenlernen vielleicht wegen einer Hörstörung verlangsamt ist, sollte sie rechtzeitig seine Hörfähigkeit ärztlich überprüfen lassen; denn je früher ein schwerhöriges Kind ein Hörgerät erhält, desto geringer ist das Risiko, dass es in seiner künftigen Sprachentwicklung behindert wird. Eltern können aber auch selbst einen einfachen Test durchführen: Ohne vom Kind gesehen zu werden, raschelt man schräg hinter dem Kopf des Kindes mit Papier. Dreht das Kind den Kopf in die Richtung der zuvor nicht gesehenen Geräuschquelle, so hat es das Geräusch gehört.

Erlernen des Sprechens durch Nachahmung. Die lebhaft geäußerte Freude der Mutter über das erste Wort ihres Kindes, dessen Wiederholen durch die Mutter, bewirkt oft ein Wiederholen durch das Kind. Sprechen wird besonders im sozialen Bezug erlernt.

Wie beim Lallen „echot" das Kind auch beim Sprechen. Soll dies zum korrekten Sprechen führen, so sollte der Erzieher beim Benennen der Gegenstände und beim Erklären seiner Tätigkeiten langsam, deutlich und richtig sprechen. Wenn z. B. das Kind sagt: „Papa tommt", so sollte die Mutter bestätigen: „Ja, Papa kommt." Sie sollte das Kind nicht schelten: „Falsch, das heißt nicht tommt, sondern kommt", sondern muss bestätigen, dass sie verstanden hat, dann aber den Satz richtig wiederholen.

Kinder ahmen gern andere Kinder nach. Sie lernen von älteren Geschwistern oder Freunden, aber übernehmen natürlich auch deren sprachliche Unvollkommenheiten. Daher braucht das Kind ältere Kinder und vor allem Erwachsene, um auch das differenzierte Sprechen zu erlernen. Krippenkindern, die vorwiegend mit Gleichaltrigen in Kontakt sind, steht das Sprachvorbild des Erwachsenen umso weniger zur Verfügung, je mehr Kinder von einer einzelnen Erzieherin betreut werden.

Ein wichtiger Schritt ist getan, wenn das Wort „ich" richtig verwendet wird. Der Gebrauch des „ich" ist nicht durch einfaches Nachahmen zu erlernen. Wenn die Mutter sagt, ich esse, so ist die Mutter gemeint. Wenn das Kind sagt, ich esse, so ist es selbst gemeint. Das Kind muss also erfassen: Das Wörtchen „ich" ist kein Name eines bestimmten Menschen, sondern bezeichnet immer den gerade Sprechenden, ganz gleich, ob jemand anderes spricht oder ob das Kind spricht. Das Kind entwickelt sein Sprachvermögen, indem es abwechselnd nachahmt, selbständig experimentiert und schon einfache Schlüsse zieht.

Anregen zum Beobachten. Blätter fallen – es regnet oder schneit – Sterne am Himmel: Mit dem Kind darüber sprechen, zwanglos die Gelegenheiten wahrnehmen, ohne methodischen Unterricht geben zu wollen – das sind wichtige Gesichtspunkte, um Kinder zum genaueren Betrachten der Welt anzuregen. Viele Kinder sind gute Beobachter. Diese Fähigkeit kann man nutzen. Ein Kind beobachtet z. B. ein Pflaster am Finger des Besuchers und sagt, indem es darauf zeigt: „Das ist aua."

Der Reiz des Neuen fesselt die Kinder. Ein Beispiel: Durch Bedienen des Schalters beginnt die Lampe zu leuchten. Hier kann der Erwachsene durch Teilnahme am aufmerksamen Betrachten und durch Benennen des Vorgangs die Aufmerksamkeit fördern und das Erlernen neuer Wörter und Begriffe erleichtern. Der Erwachsene kann es verstehen und gutheißen, wenn das Kind das Hell- und Dunkelmachen, aber auch sonstige Handlungen, die etwas bewirken, ständig wiederholen will: Denn nur durch Wiederholen lassen sich ja Gesetzmäßigkeiten oder Wahrscheinlichkeitsbeziehungen zwischen eigenem Handeln und dem, was darauf folgt, erkennen und von Zufallsbeziehungen unterscheiden.

Durch gemeinsames Anschauen wird die Fähigkeit zum ruhigen Verweilen beim Betrachten gefördert; das Kind kann besondere Eigenschaften eines Gegenstandes beobachten und benennen, z. B. die Flügel und Beine einer Fliege, und besondere Ereignisse auf Bildern beschreiben. Die Fähigkeit des Kindes zum Erkunden im Reich der Gegenstände gibt Gelegenheit zur Sprachförderung. Wenn ein Kind z. B. eine gefundene Blüte zeigt und der Erwachsene darauf eingeht, fördert das die Entdeckerfreude. Benennen und Beschreiben führen zum Begreifen und Behalten, Abweisen oder Gleichgültigkeit der Erwachsenen dagegen hemmt.

Wissbegierde der Kinder. Sieht ein Kind im Spielalter etwas Unbekanntes, so wird dadurch sein Drang geweckt, es näher kennen zu lernen. Das Kind möchte es berühren – bei kleinen Kindern auch: in den Mund nehmen –, es möchte hineinschauen, es auseinander nehmen, und das Kind fragt die Erwachsenen nach dem Wie und Warum. Für diese Triebfeder gibt es mehrere Ausdrücke, unter anderem *Wissbegierde* und *Neugierde.* Das erste dieser Worte hat einen anerkennenden, das zweite einen eher abwertenden Beiklang. Manche Eltern benutzen fast nur den zweiten Ausdruck, etwa in der Wendung: „Sei nicht so neugierig!" Sie stellen damit den kindlichen Drang zum Wissenwollen – für das Kind eindeutig – in die Reihe der schlechten Angewohnheiten. Die entgegengesetzte Wertung – „Schön, dass du so wissbegierig bist!" – hört man dagegen eher selten. Einschränkungen sind aber nur notwendig, wo die Wissbegierde in die Privatsphäre anderer Menschen eindringt. Hier müssen die Erwachsenen so gut wie möglich zu erklären versuchen, warum ausnahmsweise in dem betreffenden Fall das Fragen nicht angebracht ist. Überall sonst muss die kindliche Wissbegierde als wichtiger und wertvoller Motor für die Persönlichkeitsbildung gelten.

Eingehen auf Fragen der Kinder: Manche Erwachsene weisen Fragen ihrer Kinder häufig brüsk zurück: „Frag nicht so viel." So können sie dem Kind diese wichtige Form des Erkundungsverhaltens und Wissenserwerbs geradezu abdressieren. Sollten hierin in verschiedenen Bevölkerungskreisen unterschiedliche Einstellungen die Regel sein, so könnten dadurch sogar die Bildungswilligkeit und damit die sozialen Chancen ganzer Bevölkerungsteile unterschiedlich werden und bleiben; denn Menschen, denen in ihrer Kindheit das Fragen verleidet wurde, tendieren leider dazu, ihren Kindern später das Gleiche anzutun. Sowohl vom verhaltensbiologischen als auch vom humanen Standpunkt aus besteht aber keinerlei Grund dazu, den Wissensdurst der Kinder zu blockieren. Dank ihrer Entscheidungsfreiheit können sich die Erwachsenen denn auch vornehmen, jede Frage ihrer Kinder ernst zu nehmen, gegebenenfalls das Lexikon oder Bekannte zu befragen und grundsätzlich alles zu versuchen, um die richtige Antwort zu finden. Auf diese Weise stärken sie eine für die Schulzeit und für das ganze spätere Leben der Kinder bedeutsame innere Einstellung.

Das Spielen der Kinder. Die Erwachsenen können die Spieltendenzen der Kinder voll bejahen und unterstützen und Einschränkungen auf das unbedingt notwendige Maß begrenzen. Sie können Gelegenheiten zum Rennen, Klettern und Sich-schmutzig-Machen – in strapazierfähiger Bekleidung – bieten sowie für Spielkameraden und Spielgelegenheiten sorgen. Sie können die Kinder manchmal unter sich lassen, ihnen manchmal aber auch Material und Anleitung für neue Tätigkeiten geben, die dem Kind, entsprechend seinem Alter, Einsichten und Fähigkeiten vermitteln: Malen, Modellieren, Basteln, Sammeln (z. B. Steine, Bilder, später Briefmarken), Pflanzen aus Samen ziehen, Tiere beobachten (Aquarium, Terrarium, Vögel füttern), Sport, Musizieren. Besonders wichtig ist auch das gemeinsame Bilder-Ansehen, das Erzählen und das Vorlesen. Falls Kinder nicht in eine Spielgemeinschaft mit etwas älteren Kindern hineinwachsen, sind sie auch darauf angewiesen, dass die Erwachsenen ihnen Spiele und begleitende Kinderverse beibringen, die sie miteinander im Freien spielen können (z. B. Hinkepinke, Räuber und Gendarm).

Wenn allerdings die Erwachsenen nicht wissen, wie wichtig das Spielen für die Entwicklung der Kinder ist oder wenn sie aus Zeitmangel oder Desinteresse die beschriebene Partnerschaft zum Kind nicht ausüben, dann können sie das Spielen der Kinder verkümmern lassen oder sogar hemmen. Viele Eltern kümmern sich zu wenig um altersgemäße Spielmöglichkeiten und um entsprechendes Spielzeug für ihre Kinder, und sie schenken ihnen Spielsachen, die kein erfinderisches, konstruktives Spielen ermöglichen. Von manchen Eltern wird das

Ideal der Sauberkeit zu groß geschrieben, so dass die Kinder sich nicht häufig nach Herzenslust schmutzig machen dürfen. Manche Eltern hindern ihr Kind daran, sich genügend zu bewegen und herumzutollen; sie lassen es nicht aus den Augen und versuchen zu verhindern, dass es schnell rennt, weil sie ängstlich vermeiden wollen, dass es hinfällt oder sich verletzt. Als Urbild hierfür kann jene Mutter gelten, die, wenn sie spazieren ging, ihren 5-jährigen Jungen ins Fahrradkörbchen setzte und ihn so – einen Meter von der gefährlichen Erde entfernt – mit sich führte. Die hierin liegende angstbesetzte Überbehütung kann tief greifende Verhaltensstörungen bei Kindern hervorrufen.

Nicht in Spielhandlungen eingreifen. Eltern sollten darauf achten, dass das Kind seine Handlungsabläufe zum Abschluss bringen kann. Das gilt besonders, wenn die zunächst ungerichtete Aktivität sich zu konstruktiven Zielvorstellungen zu verdichten beginnt. Wenn das Kind beispielsweise mit seinen Bauklötzen einen Turm oder ein Haus zu bauen versucht, sollte man ihm nicht helfen, es sei denn, mehrere selbständige Versuche wären gescheitert und das Kind bäte selbst darum. Häufiges Unterbrechen des Spielens durch die Erzieher, und sei es noch so gut gemeint, erschwert die Entfaltung der Fähigkeit, konzentriert ein Werk zu planen und selbständig durchzuführen, bis es vollendet ist. Manchmal wehren sich die Kinder auch gegen die Einmischung Erwachsener in ihr Spiel – zu Recht. Falls ein Kind aus wichtigen Gründen sein Spiel abbrechen muss, so sollten die Eltern ihm das rechtzeitig sagen, so dass es noch ein Zwischenziel erreichen oder Vorsorge für späteres Weiterspielen treffen kann. Es muss auch etwas Zeit haben, sich klarzumachen, dass es ja morgen weiterspielen darf. Ein halbfertiges Werk sollte stehen bleiben dürfen, um später vollendet zu werden.

Nachahmendes Verhalten der Kinder. Durch Nachahmen erwerben kleine Kinder aus eigenem Antrieb neues Können; sie entwickeln auch den Großteil ihres mitmenschlichen Verhaltens, indem sie die Erwachsenen beobachten und es ihnen gleichtun. Die Erwachsenen sollten sich dieser Wirkung auf die Kinder, die nicht von ihrem Willen abhängt, bewusst sein und sich entsprechend verhalten. Sie können die Kinder bei ihren Arbeiten zusehen lassen und ihr Tun sprachlich begleiten und erklären. Sie können ihnen Gegenstände geben, mit denen sie das Erwachsenen-Verhalten nachahmen können. Mutter und Vater können ihre Kinder bei vielem helfen lassen (Kuchen backen, Tisch decken, Reparaturen) und ihnen kleinere Aufgaben zur selbständigen Erledigung übertragen. Auch Puppenstube und Kaufmannsladen bieten Gelegenheit zum Nachahmen. Die Eltern können in der Freizeit und in den Ferien handwerklich arbeiten und sich dabei auf die Finger schauen lassen, den Kindern Werkzeug im Kleinformat schenken und sie später anleiten, mit richtigem Werkzeug zu arbeiten. Sie können oft mit den Kindern sprechen und ihnen viel vorlesen, um ihr Sprachverständnis und ihre Sprachbeherrschung zu fördern.

Aus Unkenntnis über die entscheidende Rolle des Nachahmens fördern manche Eltern dieses Verhalten bei ihren Kindern nicht, oder sie halten es sogar für eine schlechte Angewohnheit („Affen ahmen alles nach"). Oft genug beobachtet man Eltern, die ihre Kinder für ein Verhalten bestrafen, das sie selbst vorgemacht haben. In Gegenwart ihrer Kinder gebrauchen sie Schimpfworte, sie sprechen abfällig über Mitmenschen, verwenden Notlügen, ja brüsten sich, andere Menschen überlistet oder lächerlich gemacht zu haben – aber sie entrüsten sich, wenn die Kinder dieses Verhalten übernehmen. Viele Eltern machen es sich nicht klar, dass sie ihre Kinder tief verunsichern, wenn sie heute so und morgen anders handeln, also inkonsequent sind: wenn sie z. B. für das Kind ohne ersichtlichen Grund ein Verhalten (z. B. Spielen mit Vaters Büchern) an einem Tag gestatten, am anderen verbieten oder bestrafen. Konsequenz im elterlichen Verhalten gehört zu den Voraussetzungen (Garanten) für eine positive, beglückende Wechselwirkung zwischen Eltern und Kindern.

Elterliches Vorbild und einsehbare Erziehungsweisen geben dem Kind innere Sicherheit. Hinsichtlich des Sprechenlernens müssen sich Eltern vor Augen halten: Wenn sie zu einem Kind vorwiegend in Anordnungen sprechen, so dürfen sie sich nicht wundern, wenn das Kind sie selbst ebenso anspricht. Spott, Ironie, Zweideutigkeit usw. kann ein Kleinkind und ein junges Schulkind nicht begreifen, also auch nicht nachahmen, und es wird unsicher. Wichtig dagegen ist für die seelisch-geistige Entwicklung der Kinder, ihnen immer wieder etwas vorzulesen und ihnen so zu ermöglichen, in Ruhe zuzuhören. Das fördert in einer prägsamen Phase die Konzentrationsfähigkeit und die Sprachentwicklung.

Wenn Erwachsene von einem Kind verlangen, es solle sich das Verhalten eines anderen Kindes oder eines bestimmten Erwachsenen zum Vorbild nehmen und genauso handeln, so wird es sich vielfach dagegen sträuben, um seine Eigenständigkeit zu bewahren. Kinder übernehmen beobachtetes Verhalten in der Regel nur von selbst gewählten Vorbildern.

Erwachsene sollten sich dessen bewusst sein, dass sie die Kinder durch den Ausdruck ihrer Abneigungen beeinflussen. Äußerungen von Erwachsenen, wie Angst vor Krankheit oder vor Gewitter, Wählerischsein beim Essen, Wehleidigkeit, Missachtung bestimmter Menschengruppen, Berufe, Lebensformen, prägen sich im Laufe der Zeit fast zwangsläufig in die Verhaltenssteuerung von Kindern ein. Es ist ein großer Dienst an den Kindern, wenn die Erwachsenen ihre Fehlhaltungen erkennen und die eigene Einstellung korrigieren, sich zumindest in den Äußerungen ihrer Abneigungen zu beherrschen lernen und sich in der Gegenwart der Kinder nicht gehen lassen.

Schlussfolgerungen. Erkunden, Wissbegierde, Spielen, Nachahmen und schöpferisches Erfinden liefern die Bausteine für selbständiges Handeln. Eltern sollten die innere Selbständigkeit des Kindes als wichtiges Erziehungsziel sehen und die Erziehungsfehler der Einengung, Verwöhnung und Überbehütung vermeiden. Für das Kleinkindalter heißt das: Eltern können das Kind zum selbständigen Planen und Entscheiden ermuntern und ihm dazu den Spielraum und die Möglichkeit geben, beispielsweise für das Gestalten von Geburtstagseinladungen, das Erfinden neuer Spiele, für Kasperle-Aufführungen usw. Und vor allem: Wenn das Kind Phantasie zeigt und selbständig handelt, so sollten sie dies ausdrücklich anerkennen und ihre Freude darüber äußern. Hierdurch unterstützen sie das Kind auf seinem Weg zur Selbständigkeit.

Besonders wichtig dafür, dass sich bei Kindern das Erkunden, Spielen, spielerische Nachahmen, die Phantasie und die Intelligenz entfalten, ist in jeder Altersstufe das individuelle Antworten und Eingehen der Erwachsenen auf die Eigeninitiativen der Kinder, zum Beispiel auf deren spontanes Zeigenwollen, was sie können und was sie sehen, auf Spielintentionen und auf ihre Fragen. Unmittelbar nach eigenem Handeln sind die Aufmerksamkeit und das Lernvermögen der Kinder für das, was darauf folgt, von Natur aus besonders groß; und dieses Lernvermögen wird, falls Antworten auf Eigeninitiativen ausbleiben oder sogar Zurückweisungen überwiegen, nicht ausgenutzt und nicht weiterentwickelt, ja womöglich sogar „abdressiert". Hier besteht also eine fundamental wichtige gesetzmäßige Verknüpfung: Auf Eigeninitiative folgt erhöhte Lernbereitschaft.

Mitmenschliches Verhalten fördern

Das Zusammenleben mit anderen, sei es in der Familie, in der Schule oder in sonstigen Institutionen, verlangt Rücksichtnahme auf Mitmenschen und dabei oft auch den Verzicht auf die sofortige Befriedigung von Bedürfnissen oder Wünschen. Je schwerer einem Menschen ein solcher Verzicht fällt, desto weniger ist er zum Zusammenleben mit anderen fähig, desto eher ist er verstimmt, wenn etwas nicht nach Wunsch verläuft, und desto leichter wird er ärgerlich und aggressiv gegen seine Mitmenschen, die ihn dann in der Folge womöglich ihrerseits bald ablehnen. Auf welche Weise kann ein Kind die innere Bereitschaft zum Rücksichtnehmen entwickeln und zur Selbststeuerung fähig werden, wozu das Zurückstellenkönnen eigener Bedürfnisse und Wünsche eine der Voraussetzungen ist?

Man kann Kindern die Rücksichtnahme am ehesten im Zusammenhang mit dem Ziel nahe bringen, sich zunächst in andere Kinder, alte Menschen, aber auch in Tiere und Pflanzen und deren Bedürfnisse hineinzudenken und diesen daraufhin etwas Gutes zu tun, gegebenenfalls auch dafür Opfer zu bringen. Wenn ein Kind Wünsche äußert, deren Erfüllung die Ansprüche eines andren Kindes oder der Eltern verletzen würde, kann man ihm klarzumachen versuchen, dass es in diesem Fall zurückstehen muss. Wollte ein Kleinkind beispielsweise einem Geschwister ein Spielzeug wegnehmen oder verlangte es nach der Mutter, während diese gerade noch beschäftigt ist, so kann das Kind einsehen, warum ihm zugemutet wird, auf seine Wunscherfüllung zu warten oder auf sein Vorhaben zu verzichten. Dies gelingt durchaus nicht immer, denn oft wird das Kind von seinen Gefühlen überwältigt. Darum brauchen die Eltern für diese wichtige Erziehungsaufgabe viel Geduld, Liebe und Konsequenz. Zunehmend gelingt es dann dem Kind, den Zeitabstand („Spannungsbogen") zwischen dem Auftauchen von Wünschen und deren Erfüllung zu verlängern.

Ein Verzichten zugunsten anderer Menschen oder im Einsatz für das Wohl von Tieren und Pflanzen gelingt den meisten Kindern – sei es von sich aus, z. B. in Nachahmung des elterlichen Vorbilds, sei es, dass sie dazu angeleitet werden. Verzichten ist hier ein Mittel, um Gutes zu tun, und dies sehen Kinder gerne ein. Verzichten sollte jedoch kein Selbstzweck sein. Wenn Erzieher dies trotzdem von Kindern fordern, so werden sie kein Verständnis bei ihnen finden und darum mit ihrem Bemühen scheitern.

Durch zwei einander entgegengesetzte Haltungen können es die Erwachsenen so gut wie verhindern, dass Kinder zum Aufschub eigener Wunscherfüllung oder zum Verzicht darauf fähig werden: wenn sie das Wünschen und Wollen der Kinder zu stark unterdrücken oder aber, wenn sie das Gegenteil tun und sämtliche Wünsche sogleich zu erfüllen suchen. Im ersten Fall entstehen durch Entbehrung und Verzicht sowohl Hemmungen als auch ein chronischer Antriebsdruck, der womöglich überhaupt keinen Aufschub aus eigenem Willen mehr zulässt; im zweiten Fall verwöhnen die Erwachsenen die Kinder und trainieren bei ihnen den Anspruch auf sofortige Wunscherfüllung, also gerade das Gegenteil der Fähigkeit zum Verzichten, damit aber – in anderen Worten – Anspruchshaltung und Egoismus.

Günstige Bedingungen dafür, dass Kinder die Fähigkeit zur Selbstbeherrschung entwickeln, sind dagegen folgende:
– Die Grundstimmung in der Familie ist bestimmt durch die Erfüllung der grundlegenden kindlichen Bedürfnisse (Hunger, Bewegungsdrang, Wissbegierde, Spielen), durch gegenseitiges liebevolles Bejahen und Geborgenheit, durch Beantworten von Fragen, durch

Einfühlung in andere Menschen, durch Hilfsbereitschaft und viel gemeinsames fröhliches Erleben.
- Die Kinder erleben immer wieder, dass sich auch die Eltern nicht alle aufkommenden Wünsche nach Genuss und Bequemlichkeit sofort erfüllen, sondern dass sie Beispiele für sinnvollen Aufschub der Wunschbefriedigung und auch – wenn um höherer Ziele willen notwendig – für einen Verzicht geben, woran sich die Kinder durch Nachahmen oder Sich-Identifizieren halten können (erzieherische Vorbildfunktion).

Die Fähigkeit, eigene Antriebe zu steuern, ist beim Säugling noch nicht vorhanden und entsteht erst langsam. Der Säugling kann den Inhalt der Sprache noch nicht verstehen, höchstens auf den Tonfall reagieren; er kann noch keine gedanklichen Schlüsse ziehen. Ihn beispielsweise in Verlassenheitsangst schreien zu lassen (etwa, um ihn nicht zu verwöhnen) führt daher zu keinerlei wünschenswertem Erziehungsergebnis, sondern höchstens zur Resignation. Erst langsam, nachdem das Sprachverständnis eingesetzt hat, kann zuerst ein *kurzer* Aufschub der Wunscherfüllung, später ein Aufschub von langsam wachsender zeitlicher Dauer und dann erst ein Verzicht etwa der Mutter zuliebe eingeübt werden.

Ungeeignet, um das Warten und Verzichten auf Wunscherfüllung einzuführen, ist die Forderung nach der Beherrschung starker elementarer Antriebe, so z. B. des Bewegungsdranges der Kleinkinder. Ein Kind von 5 Jahren kann z. B. nicht einsehen, warum es nach dem Essen lange Zeit untätig am Tisch der Erwachsenen still sitzen bleiben soll, ohne dass diese sich mit ihm unterhalten. Es macht daher diese Forderung bestimmt nicht zu seiner eigenen, sondern es fügt sich widerwillig der höheren Gewalt der Erwachsenen. Das kann aber nicht das Ziel der Erziehung sein.

Wenn im Leben eines Kindes die Wunscherfüllung insgesamt zu kurz kommt und das Verzichten überwiegt, kann das Gegenteil des Erhofften eintreten: nicht Willensstärke und ein Spannungsbogen zwischen Wunsch und Erfüllung, sondern unbeherrschbarer Antriebsstau und Verbitterung. Diese Gefahr besteht bei allzu strenger Erziehung zur Selbstlosigkeit oder auch – tragischerweise –, wenn Eltern sich sehr stark der Betreuung eines behinderten Geschwisterkindes widmen müssen und dahinter die Bedürfnisse des gesunden Kindes nach Bewegung, Spielgefährten, Zeit und Zuwendung zu weit zurückgestellt werden.

Um einem Kind das Zurückstellen eines Wunsches nahe zu bringen und zu ermöglichen, machen Eltern ihm gelegentlich eine Zusage: „Wenn ich vom Einkaufen zurückkomme, lese ich dir etwas vor" oder: „Du kannst jetzt ruhig zu Bett gehen; unser Besuch kommt nachher noch zu dir und sagt dir Gute Nacht." Wenn derartige Versprechen immer strikt eingehalten werden, verhelfen sie dem Kind zum Vertrauen: Ich kann ruhig abwarten. Jedes gebrochene Versprechen wirkt dagegen wie ein Treubruch. Geschieht das häufig, so schwindet das Vertrauen in den Sinn der Aufgabe, augenblickliche Wunscherfüllung in die Zukunft verschieben zu lernen und allgemein sogar in die Zuverlässigkeit der Erwachsenen. Wer Kinder achtet, verspricht ihnen daher nur, was er unbedingt einzuhalten gewillt und fähig ist, und er hält sich stets auch selbst an das Gesetz: „Was man versprochen hat, muss man halten."

Die wachsende Fähigkeit zur Selbstbeherrschung und damit zur planvollen, zukunftsorientierten Verhaltenssteuerung ist eine wichtige Voraussetzung zur späteren sinnvollen und zielstrebigen Lebensgestaltung. Das Kind, der junge Mensch, ist dann nicht mehr abhängig von der sofortigen Erfüllung aller aufkommenden Wünsche im materiellen und emotionalen Bereich.

Dadurch erweitert sich sein Handlungsspielraum: Er gewinnt den „langen Atem" zum Erwerb von Fertigkeiten und zur Verwirklichung langfristiger Pläne; sein Spielraum zu freier Entscheidung erweitert sich; und er wird fähig, sein eigenes Leben zu gestalten und sich verstehend und helfend seinen Mitmenschen zuzuwenden.

Gemeinsames Spielen – Motor der kindlichen Entwicklung

Erwachsene können mit Kindern jeden Alters Situationen schaffen, in denen sich Begebenheiten des mitmenschlichen Zusammenlebens widerspiegeln: im gemeinsamen Spiel. Hier können sie die Kinder erleben lassen, dass Gemeinsamkeit und Wettstreit, Einhalten von Regeln und höchstes Vergnügen keine Gegensätze sind, sondern sich im Zusammensein der Menschen sogar gegenseitig bedingen.

Verschiedene Spielmöglichkeiten stehen zur Verfügung: Es gibt Spiele mit Regeln, aber ohne Gewinner und Verlierer (Versteckspiel; Dritten abschlagen; Blindekuh; Ich sehe was, was du nicht siehst; Drei Fragen hinter der Tür und viele weitere). Sie machen Spaß, allerdings nur, wenn alle Spieler die Regeln einhalten. Die Kinder erleben den Einklang zwischen freiwilligem Regel-Einhalten und Freude am Spiel.

Bei anderen Spielen geht es zusätzlich um Gewinnen oder Verlieren: körperliche Wettspiele (Wettlauf, Tischtennis), Geschicklichkeitsspiele (Eierlaufen), Gedächtnisspiele (Memory, Quartett), Brettspiele mit verschiedenem Anteil von Zufallseinfluss und Möglichkeiten überlegter Spieltaktik (besonders gut gemischt in „Fang den Hut"), Kartenspiele usw. Sollen diese Spiele ihren Sinn erfüllen, so müssen sie vor allem Spaß machen. Der Wettkampf-Aspekt darf gerade so stark sein, dass

er das Spiel intensiviert, aber die Spielfreude auch für den Verlierer nicht beeinträchtigt. Hier können die Erwachsenen in mehrfacher Hinsicht wirksam werden: Sie können solche Spiele wählen und selbst so spielen, dass
- zu kleine oder besonders sensible Kinder nicht entmutigt werden und die Lust verlieren (für sie zunächst lieber Spiele ohne Wettbewerbscharakter!);
- das gute Gedächtnis der Kinder, durch das sie den Erwachsenen oft überlegen sind, ausgiebig ins Spiel kommt (z. B. Memory und Quartett);
- insgesamt die Mischung von Gewinnen und Verlieren stimmt;
- Erwachsene zwar nicht immer, aber doch oft mitspielen;
- verschiedene Chancen infolge von verschiedenem Alter der Mitspieler durch gemeinsam ausgedachte Bedingungen oder Vorgaben für die kleineren Kinder ausgeglichen werden, beispielsweise bei einem Wettlauf: „Du rennst, so schnell du kannst, und ich gehe, so schnell ich kann";
- die Erwachsenen niemals unausgesprochen oder gar heimlich die Regeln verletzen oder „schummeln"; denn dadurch verkehren sie in viel stärkerem Maße, als sie es ahnen, die positive, fördernde Wirkung des Spielens in ihr Gegenteil. Sie beeinträchtigen oder zerstören das Vertrauen der Kinder nicht nur in die Zuverlässigkeit der Eltern, sondern auch in die aller Erwachsenen.

In Spielen um Gewinnen oder Verlieren kommen „innere Situationen" vor, denen ein Mensch im Erwachsenenleben begegnen kann. Einige von ihnen sind: Anerkennen fremder Überlegenheit ohne Missgunst und Neid; trotz Missgeschick nicht verzagen, sondern Krisen durchstehen; am Erfolg Freude haben, ohne hochmütig zu werden; trotz spielerischer Gegnerschaft kooperativer Partner bleiben; in keiner Lage Regeln verletzen und damit das Spiel als solches gefährden; ertragen, dass der Zufall verdiente und erhoffte Erfolge zunichte macht. Alle diese Erlebnisse vermitteln Vorerfahrungen, um in künftigen Lebensschwierigkeiten eine angemessene innere Einstellung und positive Wege zur Lösung zu finden.

Viel mit Kindern zu unternehmen, schafft Gelegenheit zu gemeinsamen Erlebnissen und Beobachtungen. Darüber mit den Kindern zu sprechen, hilft ihnen dabei, Wertmaßstäbe zu entwickeln. Ein großer Schatz von gedanklich aufbereiteten anschaulichen Erfahrungen gehört zum Wertvollsten, was Eltern ihren Kindern mitgeben können. In diesem Sinn ist es auch sinnvoll, wenn Eltern am Fernsehen ihrer Kinder teilnehmen und das Gesehene mit ihnen besprechen. Nur dann können sie entstandene Ängste abbauen und die Wertmaßstäbe bewusst machen, die in den Sendungen veranschaulicht werden und von den Kindern übernommen werden könnten. Andererseits muss die Darstellung von Gewalt und Intrigen mit den Kindern zu deren Orientierung kritisch besprochen werden.

Lob der Lustigkeit. Lustigkeit lässt sich zwar nicht erzwingen; stellt sie sich aber von selbst ein, so kann man ihr Tür und Tor öffnen, ja man kann sie dann und wann sogar aus Augenblicks-Gelegenheiten hervorzaubern. Lachen wirkt entspannend. Im Lustigen kombinieren sich wie in wenigen anderen Geschehensweisen bildende und erzieherische Werte: Regelhaftes wird aufgezeigt, aber zugleich durchbrochen; Wissensstoff wird mühelos aktiviert und fester ins Gedächtnis eingeschrieben; Aufmerksamkeit, geistige Regsamkeit, mitunter körperliche Geschicklichkeit werden eingeübt und die Phantasie angeregt; manche Wahrheit lässt sich formulieren, ohne zu verletzen, und all dies wird als Lust, nicht als Last erlebt, darum auch freiwillig angestrebt und von selbst durch innere Kräfte gespeist. Kein Wunder, dass ausgelassene Freude als Merkmal besonders günstiger und belebender Erziehungsumwelten für Kinder gelten darf.

Ein Allerweltsbeispiel ist – beim Sonntagsfrühstück der Familie – das heimliche Umdrehen der Schale eines ausgegessenen weichen Eies im Eierbecher als Anlass zu einem gespielten Eltern-Kind-Dialog: „Warum isst du denn dein Ei nicht?" Dies macht Kinder in einem bestimmten Alter selig, ist ebenso bereichernd für die ebenfalls schauspielernden Eltern und voller Anklänge an manche der oben als persönlichkeitsbildend für das Kind genannten Lustigkeits-Aspekte.

Kindliche Aggressivität verstehen und sinnvoll reagieren

Die rein spielerische Aggressivität verlangt von den erwachsenen Partnern, dass sie mitspielen, und zwar so, dass das jeweilige kämpferische Spiel oder Wettspiel sich fortsetzen kann. Der erwachsene Partner darf also seine überlegenen Fähigkeiten nicht dazu einsetzen, jeden spielerischen Kampf durch sofortigen Sieg zu beenden: Er muss die Rolle des Wettkampfpartners zu spielen versuchen.

Aggressivität gegen nicht erfolgende Wunscherfüllung hat, vom Kind aus gesehen, das Ziel, die Befriedigung seiner Bedürfnisse zu erlangen. Die Erwachsenen können hierauf durch Gewähren oder Versagen antworten: Grundbedürfnisse (nach Essen, Bewegung, Spielen, selbständigem Planen und Handeln usw.) sollten befriedigt werden; was Menschen, Tiere, Pflanzen oder Eigentum anderer schädigt, sollte aber nicht erlaubt werden.

Eltern, die ihre Kinder ernst nehmen, sprechen vorwiegend nur solche Verbote aus, die sie nach diesen Gesichtspunkten durchdacht haben, dann aber auch im Fall von Tränen aufrechtzuerhalten gewillt sind und durchzuhalten vermögen. Denn wenn sie sich eher durch Tränen als durch Vernunftgründe beeindrucken lassen, belohnen und fördern sie damit eine Verhaltensweise des Kindes, die sich für beide Partner sehr ungünstig auswirken kann: Für das Kind verknüpft sich dann das Weinen mit dem erfolgreichen Erzwingen der Wunscherfüllung. Auf diese Weise legen die Erwachsenen die Grundlage dafür, sich vom Kind durch „gezieltes" Weinen tyrannisieren zu lassen. Inkonsequenz in der Erziehung kommt zwar bei Überbelastung der Eltern gelegentlich vor, darf jedoch keinesfalls die Regel bilden.

Die Aggressivität, die dazu dient, den Handlungsspielraum auszukundschaften, ist von Natur aus darauf ausgerichtet, dass die Kinder ihre sozialen Erfahrungen mit den Mitmenschen machen und ihre eigenen Ansprüche ins Gleichgewicht mit den Lebensbedürfnissen der anderen bringen. Hier tragen die Erwachsenen dem (biologischen) Sinn des Verhaltens Rechnung, wenn sie das Kind als ernsten, Orientierung suchenden Partner behandeln und ihm, wo es begründet und gerecht ist, nachgeben, wo es aber notwendig ist, auch mit Festigkeit Grenzen setzen. Wenn sie dies dann den Kindern auch möglichst verständlich begründen, brauchen sie nicht zu befürchten, die Kinder zu „frustrieren". Man darf nur nicht nachtragend sein und muss gleich nach dem Austragen des Gegensatzes wieder die gute Beziehung zum Kind aufnehmen. Dann bleibt die Auseinandersetzung mit dem Kind die Ausnahme und das selbstverständliche Einvernehmen die Regel.

Gehorsamkeitserziehung: Konsequent sein, ohne autoritär zu sein

Nicht immer können die Erwachsenen bei den Kindern mit Bitten und Erklärungen auskommen. Dann und wann müssen sie den elterlichen Willen gegen den der Kinder durchsetzen: Dies ist bisweilen unbedingt notwendig zum Schutz der Kinder selbst und um zu vermeiden, dass die Kinder Interessen und Rechte von Mitmenschen verletzen. Beispielsweise kann ein kleines Kind nicht verstehen, warum eine Durchgangsstraße so gefährlich sein soll; es muss aber um seiner eigenen Sicherheit willen daran gehindert werden, die Fahrbahn zu betreten, und das ist oft allein durch Maßnahmen möglich, die man bei Tieren „Abdressieren" nennen würde. Ein Kind darf auch nicht die Mittagsruhe und die Nachtruhe von Alten und Kranken stören. Es muss lernen, dass man – vor allem beim Besuch in einer fremden Wohnung – ungefragt keine Gegenstände anfassen, geschweige denn Schubladen aufziehen oder Schränke öffnen darf. Schließlich sollte es kein Gemeinschaftseigentum beschädigen, also etwa Hausflurwände mit Farbe beschmieren. Darin steckt zwar an sich nichts Verwerfliches; aber es verletzt die Interessen der Mitmenschen, die zu unnötiger Arbeit und zu Ausgaben für Reparaturen gezwungen würden. Schließlich ist der Gehorsam kleiner Kinder die beinahe unumgängliche Voraussetzung dafür, dass die Eltern mit ihnen z. B. auf Reisen gehen oder einen Besuch bei Nachbarn machen können; denn dort treten immer wieder unvorhersehbare Situationen ein, in denen die Kinder den Eltern gehorchen müssen, um nicht sich selbst oder andere zu gefährden oder zu schädigen. Notwendige, begründete Verbote, die so feststehend wie möglich sein sollten, schädigen das Kind auch nicht in seiner Entfaltung, sondern erleichtern ihm die Orientierung. Der Bereich des Erlaubten muss nur weit genug sein; dann gewinnt das Kind, indem es lernt, was es darf und was nicht, die notwendige Sicherheit und Orientierung in seiner kleinen Welt.

Ein Kind kann gegenüber Erwachsenen aus verschiedenen Gründen gehorsam sein:
- aus *Liebe und Anhänglichkeit* (um den betreffenden Erwachsenen nicht zu betrüben);
- in *Anerkennung* elterlicher Verhaltensnormen aufgrund der bisherigen Erfahrungen;
- aus *Einsicht* in den vor Augen liegenden Sachverhalt;
- aus *Gewohnheit*;
- aus *Angst* vor den Folgen des Ungehorsams.

Erwachsene können durch ihr Verhalten verschiedene Formen des Gehorsams bei den Kindern zu erwecken versuchen. Bei den erstgenannten Motiven des kindlichen Gehorsams sind Erwachsene und Kinder in der Situation des Gehorchens miteinander im Einklang, bei dem letzten stehen sie im Gegensatz zueinander.

Freiwilliges Gehorchen. Dieses ist in vielen Familien das Alltägliche: Die Eltern tragen im Allgemeinen freundlich ihre Bitten und Wünsche vor, und die Kinder erfüllen sie meistens ohne inneren Widerstand. Dieser Zustand wird begünstigt, wenn die Eltern nicht viele, aber vorwiegend sinnvolle, erfüllbare und für das Kind einsichtige Forderungen stellen. Dem Kind bedeuten dann die Gehorsamsforderungen nichts Außergewöhnliches; es ist an sie gewöhnt und macht die Erfahrung, dass Gehorsam gut ist für es selbst und die anderen. Aufgrund solcher Erfahrungen gehorchen Kinder dann oft auch in solchen Fällen, in denen sie den Sinn der Forderung der Eltern einmal nicht begreifen; grundsätzliches Vertrauen zu den Eltern erweist sich auch in Ausnahmefällen als tragfähig. Im Fall eines liebevollen Verhältnisses zwischen Kindern und Eltern wollen nicht nur die Eltern den Kindern Gutes tun, sondern es ist auch von vornherein ein Handlungsmotiv der Kinder, sich so zu verhalten, dass sich die Eltern freuen, und sie wollen vermeiden, gegen den Wunsch der Eltern zu handeln. Die Eltern stützen diese Vertrauensbasis, wenn sie Gehorsamsforderungen sofort oder nachträglich, soweit möglich, zu begründen versuchen und wenn sie das Gehorchen auch bisweilen loben und nicht nur als Selbstverständlichkeit ansehen.

Wirkung von Strafen und Strafandrohungen. In den vorangegangenen Abschnitten war mehrmals davon die Rede, dass sich die Erwachsenen unter Umständen gegen den Willen eines Kindes durchsetzen müssen. Dies ist unvermeidlich, wenn das Kind einen Machtkampf von sich aus provoziert oder wenn es zu seinem eigenen Schutz oder, um die Verletzung von berechtigten Ansprüchen anderer zu vermeiden, bestimmte Dinge nicht tun darf, dies aber noch nicht verstehen kann und sich widersetzt. Hier hat der Erwachsene verschiedene Möglichkeiten; um zwischen ihnen entscheiden zu können, muss er deren Wirkung und deren Folgen kennen und in Betracht ziehen. Das Folgende ist keine vollständige „Psychologie des Strafens"; nur einige ausgewählte Gesichtspunkte sollen zu Wort kommen.

1. Sofortige Strafe. Eine Grundlehre der Menschenkenntnis, auch gültig für Kinder, lautet: Schlechte Erfahrungen und Strafen wirken durch ihr *Sofort* und nicht durch ihre Härte. Zieht eine Missetat eine Strafe nach sich, so verknüpfen sich beide für das Erleben des Kindes nur dann miteinander, wenn die Strafe *sofort* auf die Tat folgt. Eine sofortige Strafe kann ruhig milde sein und nur aus einem ärgerlichen Wort bestehen; sie ist trotzdem wirksamer als die anderen Formen der Strafe. Wenn ein Kind sofort nach einer schnellen kurzen Strafe noch einmal das tut, was verboten wurde, so ist das meist kein Zeichen dafür, dass das Kind die Reaktion der Eltern nicht verstanden hätte; dieses Wiederholen ist vielmehr aus der stark emotionalen Situation, die das Strafen für das Kind darstellt, zu verstehen. Daher hat es keinen Sinn, dass nach einem solchen Nacheffekt noch einmal gestraft wird.

Ein weiterer Vorteil der sofortigen Strafe ist der, dass die Atmosphäre nicht für längere Zeit gespannt ist oder gar vergiftet wird. Nach der sofortigen Strafe kann das gute Verhältnis zum Kind seitens der Eltern gleich wiederhergestellt werden. Dann ist die Verknüpfung zwischen Verfehlung und Strafe für das Erleben des Kindes noch eindeutiger.

2. *Nachträgliche Strafe.* Nachträgliche Strafen verfehlen meist die gewünschte Wirkung; denn nach den Gesetzen des Lernverhaltens verknüpft sich erlebnismäßig nur dasjenige miteinander, was zeitlich unmittelbar aufeinander folgt. Auch größere und größte Härte von Strafen ändert nichts daran. Nachträgliche Strafen sind für Kinder entweder unabwendbares Missgeschick, das man eben ertragen muss, oder sie haben den Charakter der Willkür und Vergeltung.

Eltern oder andere Erzieher, die sich von nachträglichen Strafen – womöglich vom abends heimkehrenden Vater ausgeführt – wünschbare Wirkungen versprechen, folgen einer Illusion. Was sie ernten, ist meist nur allgemeine Verhärtung und Verbitterung oder allgemeine Verängstigung. Wenn Strafen unvermeidbar scheinen und die gewünschte Wirkung haben sollen, müssen sie sofort erfolgen, nicht nachträglich. Das gilt um so mehr, je jünger die Kinder sind. Strafwürdige Taten, auf die keine sofortige Strafe erfolgen konnte, sind am besten nur damit zu beantworten, dass, wie auch sonst, etwaiger Schaden wieder gutgemacht werden muss. Anschließend empfiehlt es sich, dass man die Angelegenheit mit dem Kind bespricht, dann die Sache zu den Akten legt und möglichst die Verhältnisse so ändert, dass sie eine Wiederholung ausschließen oder, falls sie doch erfolgt, dann *sofortige* Reaktion möglich ist.

3. *Körperliche Strafen.* Sie verfehlen die Wirkung, die sich Erwachsene manchmal von ihnen versprechen, völlig. Die Ohrfeige wird vom Kind nicht nur als körperlicher Schmerz, sondern auch als gewollte Erniedrigung erlebt. Dies wird als besonders ungerecht empfunden, sofern sich das Kind selbst keiner niedrigen Beweggründe für sein Handeln bewusst war. Ist ein Kind an körperliche Strafen gewöhnt, so ist es verhärtet dagegen und empfindet sie lediglich als Ausdruck der Feindseligkeit des körperlich überlegenen Erwachsenen. Körperstrafen führen höchstens zum willenlosen Gehorsam aus Angst.

Als körperliche Strafe ohne unerwünschte Nebenwirkungen galt, bevor im Jahre 2001 jede Körperstrafe gesetzlich verboten wurde, die sofortige Reaktion mit einem kaum schmerzhaften Klaps. Zwar ist die tätliche Auseinandersetzung zwischen Kindern gang und gäbe; es ist aber etwas anderes, wenn der körperlich hoch überlegene Erwachsene dieses Mittel anwendet. An sich wirkt der Klaps auch gar nicht durch den Schmerz, den er bereitet, sondern durch seinen Überraschungseffekt und als Ausdruck der Ungewöhnlichkeit der Situation; dies zum Ausdruck zu bringen, ist aber auch auf andere Weise möglich, etwa durch ein ärgerliches Wort.

4. *Sonstige Strafarten und Strafandrohungen.* Die etwaigen Nebenwirkungen von Strafen sind – vor allem bei sensiblen Kindern – nur sehr schwer abzuschätzen. Das gilt besonders für Strafarbeiten, für das Ins-Bett-Gehen als Strafe und für den bewussten Liebesentzug (z. B. Nicht-Sprechen mit dem Kind). In jedem Fall sollte sich der Erzieher bei Strafarbeiten und beim Ins-Bett-Schicken im Klaren darüber sein, dass das Kind ja an sich gern arbeiten und gern zu Bett gehen soll; und er sollte sich fragen, ob er nicht eigentlich Verknüpfungen fördert, die er gar nicht wünschen kann, wie „Arbeit ist

eine Strafe", „Ins-Bett-Gehen-Müssen ist etwas Unangenehmes". Auch absichtlicher Liebesentzug ist als Druckmittel überaus zweischneidig; die Erhaltung der guten Beziehung auch in der Strafsituation ist ja der unersetzliche Garant des Erziehungserfolges. Als Strafe unbedingt abzulehnen ist das Einsperren in den dunklen Keller. Straf*androhungen* schließlich sind nur wirksam als ganz selten gebrauchtes Erziehungsmittel; wo sie häufiger oder sogar fortwährend angewendet werden, gewöhnen sich die Kinder schnell an deren Unglaubwürdigkeit und überhören sie.

5. *Den Willen brechen.* Das Schlimmste, was in der Erziehung geschehen kann, ist ein so gespanntes Verhältnis, dass der Erwachsene durch harte Strafen den Gehorsam erzwingen und den Willen des Kindes brechen will. Dies kann vorkommen, wenn Erwachsene aus Prinzip eine Gehorsamserziehung für richtig halten (z. B., weil sie selbst eine solche Erziehung durchgemacht haben) oder wenn sie mit allen anderen Methoden gescheitert sind und keinen anderen Ausweg mehr sehen. Was hier entsteht, ist allenfalls ein Gehorsam aus Angst und Einschüchterung. Die häufigen Konsequenzen davon sind Aggressionshemmungen, Hass, überhöhte Aggressivität, Zerstörungsdrang, Leistungsversagen, Übergefügigkeit, psychosomatische Erkrankungen. Ist eine solche Situation eingetreten, so sollte unbedingt der Rat des Fachmannes (Erziehungsberatung) eingeholt werden.

Unnötige Gehorsamserziehung. Das Gehorchen wird zum Problem und misslingt, wo an das Kind Forderungen gestellt werden, die es beim besten Willen nicht erfüllen kann. Es ist schlimm für ein Kind, wenn ihm dann böser Wille unterstellt wird und es Bestrafung fürchten muss. Für Eltern und für Kinder ist es leichter, wenn solche Situationen vermieden werden. Zwei Bereiche, in denen eine Erziehung mit Drohungen und

Strafen kaum je positive Erfolge hat und nur zu Belastungen für Kinder und Erwachsene führt, sind Zwang beim Essen und bei der Sauberkeitserziehung. Auf diesen Gebieten ist das Verhalten besonders stark von körperlich bedingten Bereitschaften abhängig. Durch Angst ist das Kind leicht störbar. Daher verunsichern Strafen und Drohungen das Kind in diesen Bereichen nur noch weiter. Hier ist es am besten, nur „im Guten" zu erziehen, niemals zu drohen oder zu strafen. Dann bewähren sich Geduld und Großzügigkeit sowie das Vertrauen, dass Hunger und Durst, Vorlieben und starke Abneigungen gegenüber bestimmten Speisen sowie Harn- und Stuhldrang dem Kind selbst am sichersten anzeigen, was sein Körper braucht. Gehorsamskonflikte mit Kindern im Bereich von Essen und Sauberkeitserziehung kann man getrost als überflüssig ansehen. Sie belasten das womöglich ohnehin zu stark beanspruchte Konto der Eltern-Kind-Beziehungen zum Schaden für beide Seiten.

Voraussetzungen für sinnvolles Strafen. Für das Bestrafen von Verbrechen Erwachsener gibt es viele Motive, für Strafen bei Kindern nur eines: Sie sollen in Zukunft das bestrafte Verhalten unterlassen. Dieses Bemühen setzt unbedingt voraus, dass die bestrafenden Erwachsenen dabei in zweifacher Hinsicht gerecht sind: Sie dürfen sich keiner doppelten Moral schuldig machen, indem sie vor den Augen des Kindes oder heimlich dasjenige selbst tun, was sie an den Kindern bestrafen; und sie müssen sich bei den Kindern entschuldigen und es wieder gutmachen, wenn ihnen selbst einmal ein Fehler passiert, beispielsweise ein unberechtigter Vorwurf. Anderenfalls kann das Strafen seitens des Kindes nur als Machtausübung und als Messen mit zweierlei Maß empfunden werden.

Aggressive Grundstimmung zwischen Kindern und Eltern. Auch wo das freiwillige Gehorchen die Regel ist, können Kinder jeden Lebensalters vorübergehend erneut ausprobieren, wie weit sie ihren eigenen Willen durchsetzen können („aggressive soziale Exploration"). Das gehört zur kindlichen Entwicklung. Nach den notwendigen Erfahrungen, was zu erreichen ist und was nicht, folgt meist wieder eine Periode der Ruhe. Wenn sich ein Kind jedoch lange Zeit vorwiegend den Wünschen der Eltern widersetzte, so dass es täglich mehrmals zu Auseinandersetzungen kommt, dann deutet das in der Regel darauf hin, dass das Kind in irgendeiner Hinsicht nicht zu seinem Recht kommt oder ihm Unrecht geschieht. Dann sollten sich die Eltern Gedanken machen, woran das liegen könnte, z. B.:

- Wird dem Kind die Befriedigung eines Grundbedürfnisses versagt, z. B. Bewegungsbedürfnis, Erkundungsdrang?
- Ist das Verhältnis der Eltern gespannt, und überträgt sich diese Spannung als innere Unruhe auf das Kind?
- Fordern sie von dem Kind, was sie selbst nicht tun?
- Stellen sie dem Kind zu viele oder zu schwierige Gehorsamsforderungen?
- Sucht das Kind durch seine Ungezogenheit vielleicht nur die Aufmerksamkeit der Eltern, weil es sonst zu wenig Zuwendung erhält?
- Hat das Kind zu wenig Gelegenheit, den Eltern seine eigenen Wünsche zu erklären und berechtigte Wünsche durchzusetzen?
- Sind die Eltern bereit, Argumente des Kindes anzuhören und, soweit sachlich vertretbar und angemessen, ihnen auch zuzustimmen?
- Werden dem Kind, wenn es freundlich bittet, weniger Wünsche erfüllt, als wenn es aggressiv fordert, also quengelt, schreit oder mit den Füßen aufstampft? Haben also die Erwachsenen ungewollt selbst das Aggressivsein des Kindes provoziert, indem sie ihm allein unter Druck etwas gewährten?

Aus solchen Überlegungen können Eltern Anregungen gewinnen, um versuchsweise ihr Verhalten zu verändern und dann zu beobachten, ob das Kind ruhiger wird. Dabei brauchen die Eltern Geduld; denn eingefahrene Verhaltensmuster ändern sich bei Kindern ebenso wie bei Eltern nur nach und nach.

Die Eltern sollten sich die genannten Fragen wirklich stellen, wenn ihnen das Verhalten eines ihrer Kinder Sorgen macht; denn schwieriges Verhalten eines Kindes ist oft ein Notsignal. Es kann aber auch das Zeichen einer besonderen Entwicklungsstufe sein: Das Kind möchte sich als Eigenpersönlichkeit von den Erwachsenen abgrenzen, es möchte demonstrieren: Hier bin ich, und dies sind meine Wünsche, dies ist mein Wollen. In diesem Fall gilt ganz besonders, dass Eltern nur auf gerechtfertigten Forderungen bestehen und sinnvolle Beiträge des Kindes berücksichtigen sollten. Gleichzeitig sollten aber notwendige Grenzen konsequent eingehalten werden.

Warum Eltern als Vorbilder so wichtig sind

Eine ganz neue Entwicklungsstufe erreichen die Kinder, wenn sie etwa im 3. Lebensjahr beginnen, über sich selbst nachzudenken. Das entstandene Selbstbild eröffnet eine ganz neue Möglichkeit: sich mit anderen zu vergleichen und einzelne Menschen zum Vorbild zu nehmen.

Die Eltern können viel dazu beitragen, um die Eigenaktivität der Kinder zu fördern. Es gibt viele Dinge, die Kinder anregen und an denen sie teilnehmen können: Gestalten der Wohnung, handwerkliches Arbeiten, Basteln, Sport, Musizieren, Malen, Gesellschaftsspiele, Puppenspiel, Laienspiel, Theater, Ausflüge, Besuche im Zirkus, in Museen, Zoologischen Gärten und Naturparks. Die Kinder sollten viel mit den Eltern gemeinsam tun und erleben können und sich vorübergehend oder für lange Zeit für etwas begeistern. Sie sollen dabei ruhig „vorläufige Zielvorstellungen" für ihre Zukunft ausbilden, denen sie nachstreben können. Denn ohne solche Zielvorstellungen bleiben sie unsicher und orientierungslos. Wichtig ist, dass die Kinder, sei es allein oder mit den Eltern, aktiv sind.

Konflikte zwischen den Eltern vor den Kindern austragen? Eltern und Erzieher sollten vor den Ohren der Kinder möglichst keine erregten, lautstarken Auseinandersetzungen austragen – nicht, um den Kindern einen Aspekt der Wirklichkeit zu verheimlichen, sondern um sie vor Situationen zu bewahren, für deren Verarbeitung ihnen die Grundlagen fehlen. Ebensowenig dürfen sich die Eltern bei den Kindern gegenseitig herabsetzen oder lächerlich machen. Jedes Kind liebt und braucht beide Eltern, einen als Leitbild für sich selbst und den anderen als Beispiel für die Vorstellung vom anderen Geschlecht. Offener Streit zwischen den Eltern und gegenseitige Missachtung stürzen das Kind in innere Konflikte und in eine Orientierungslosigkeit, die einer seelischen Verletzung gleichkommen kann.

Meistens können die Kinder die Argumente, die im Streit ausgetauscht werden, gar nicht bewerten, ja nicht einmal verstehen. Aber sie entnehmen dem Tonfall und den Reaktionen, dass einer der Eltern den anderen – von seinen Emotionen hingerissen – verletzt, herabsetzt oder beschimpft.

Diese Situation ist für Kinder verstörend und quälend: Was die Eltern einander antun, würde sie selbst zutiefst ängstigen. Die Kinder können weder Partei ergreifen noch helfen, sie fühlen sich ohnmächtig. Dies ist für sie umso unheimlicher, als ja beide Eltern ihr Hort der Sicherheit sind. Was Streit zwischen den Eltern für ein Kind bedeutet, kann man vielleicht mit

Hilfe des folgenden Bildes verdeutlichen: Es ist, wie wenn man hilflos vor dem eigenen Haus steht, in dem Feuer ausgebrochen ist und wütet. Streit zwischen den Eltern kann beim Kind Bettnässen in der folgenden Nacht auslösen.

Auch wird von den Eltern eine Konfliktlösung im Streit kaum jemals gefunden, höchstens viel später, nachdem Wut, Zorn und Enttäuschung abgeklungen sind, was aber das Kind in der Regel gar nicht mehr miterlebt. Daher können Kinder aus der Beobachtung streitender Eltern auch kaum je etwas über das Lösen von Konflikten lernen; im Gegenteil, Kinder lernen durch Nachahmen und nehmen hier höchstens Verhaltens- und Sprechweisen auf, die ihnen selbst, wenn sie sie anderen Kindern oder Erwachsenen gegenüber anwenden, nichts als Ablehnung eintragen, weil sie weder helfend noch kooperativ sind.

Alle beschriebenen Nachteile für Kinder wiegen als Risiken und Gefahren so schwer, dass etwaige Vorteile, die man für denkbar halten könnte – z. B. den Kindern einen wichtigen Aspekt der Wirklichkeit nicht vorzuenthalten –, dagegen nicht ins Gewicht fallen. Darum leisten Eltern ihren Kindern einen schlechten Dienst, ja sie setzen sie Ängsten und seelischer Qual aus, wenn sie sich vor ihren Ohren und Augen aggressiv und verletzend streiten. Wenn sie ihren Kindern grundsätzlich nichts verheimlichen wollen, können sie ihnen nach der Beendigung ihres Konfliktes darüber berichten, welche Ansichten gegeneinander standen und wie sie zur Einigkeit zurückgefunden haben.

Identifikation, nicht Abhängigkeit. Manche Erwachsene scheuen die Rolle des Vorbilds und geben vor, sie wollten die Kinder nicht von sich abhängig machen. Doch dadurch, dass man auf ein Kind als Vorbild wirkt, macht man es nicht von sich abhängig, sondern man bietet ihm einen Ansatz zur Orientierung und stärkt dadurch seine Fähigkeit, seinen eigenen Weg zu finden. Ein Erwachsener regt ein Kind nur dann an und kann es nur dann begeistern, wenn er dem Kind etwas bedeutet. Es gilt für Kinder jeden Alters, ja auch für Jugendliche und Heranwachsende, dass sie am meisten von demjenigen Erwachsenen lernen und profitieren, von dem sie sagen: „Er/sie kann was." Auch hier mag ein bildlicher Vergleich zur Veranschaulichung dienen: Ein Leuchtturm ist ein Orientierungszeichen. Er zwingt den Lotsen jedoch nicht, einen bestimmten Kurs zu steuern, sondern er ermöglicht es ihm, den selbstgewählten Kurs zu steuern. Abhängig wird ein Kind nicht dadurch, dass es sich an einem Vorbild orientiert, sondern durch einengende, verwöhnende, überbehütende Eltern oder aber durch erotisch getönte Beziehungen im Sinne des Ödipus-Komplexes.

Wenn sich Eltern oder andere Nahestehende den Kindern als Vorbild verweigern und die Kinder dann in ihrer persönlichen Umgebung keine Vorbilder finden, so schwindet dadurch bei vielen von ihnen der Drang, sich zu identifizieren, keineswegs: Sie suchen sich ihre Leitfiguren dann in anderen Bereichen und können leicht extremen Idolen verfallen, etwa solchen, die sich auf ihre Stärke verlassen und sich mit Brutalität gegen Schwächere durchsetzen.

Eine wichtige, Orientierung bietende Rolle für Kinder, Jugendliche und Heranwachsende spielen deshalb Vorbilder,
- von denen sie sich begeistern lassen;
- nach denen sie während einer Entwicklungsepoche einen mehr oder weniger maßgeblichen Teil ihres Verhaltens ausrichten;
- die ihnen durch ihre Wesensart und ihr Handeln Erfahrungs- und Erlebnisbereiche erschließen, die ihre Persönlichkeit bereichern. Solche Menschen tragen für Jugendliche dazu bei, dass sie später selbständig

und nach kritischer Überprüfung bedeutsame Leitbilder und Ideale für ihr Leben auswählen können.

Aus dem Nachahmungsbedürfnis der Kinder folgt für Erwachsene noch etwas Weiteres: Ihr Verhalten sollte für Kinder verständlich und einsehbar sein. Dies trifft jedoch nicht zu, wenn die Eltern in ihren Forderungen inkonsequent sind. Elterliches gutes Vorbild und einsehbare, konsequente Erziehungsweisen geben dem Kind innere Sicherheit.

Die Bedeutung des Vaters für das Kind

Heutzutage übernehmen Väter gern zusammen oder im Wechsel mit der Mutter die Fürsorge für den Säugling, darunter auch solche, die noch zur Zeit ihres eigenen Aufwachsens traditionsgemäß fast nur der Mutter oblagen, wie z. B. Füttern, Baden oder Wickeln des Kindes.

Manche Berufe lassen dies jedoch aus Zeitgründen nur begrenzt zu. Dennoch sollte der Vater mindestens drei Aufgaben wahrnehmen:

- Er sollte dem Kind ein liebevoller Vater und lustiger Spielpartner sein; dann bindet sich das Kind auch an ihn, und er kann für den Säugling und vor allem auch später für das Kleinkind und Schulkind ein eng verbundenes Familienmitglied und anregendes Vorbild sein;
- Er sollte sich als Partner der Mutter um eine harmonische Beziehung zu ihr bemühen; dies überträgt sich als Gestimmtheit auf den Säugling. Streit und Missstimmung zwischen den Eltern können sich über eine Verunsicherung der Mutter beim Kinde auswirken. Je sicherer aber die Mutter ist, desto freudiger und ungestörter ist die Beziehung zwischen ihr und dem Säugling und desto weniger Signale von Sorge und Angst beeinflussen ihn;

- Er sollte sich die Fähigkeit zur Säuglings- und Kleinkindversorgung aneignen (auch in Einzelheiten) und ausüben, um die Mutter etwa im Fall eines Krankenhausaufenthaltes oder sonstiger unvermeidbarer Abwesenheit voll vertreten zu können, ohne dass dies für das Baby einem radikalen Wechsel der Lebenssituation gleichkommt; auch kann er dadurch seiner Frau eine Fortbildung, Geselligkeit, politische Aktivität, Sport oder Musik ermöglichen.

Dabei erlebt der Vater auch „hautnah" zwei verschiedene Seiten der Säuglingspflege: Zum einen die Fülle der Anforderungen an Sorgfalt, Umsicht, Geduld, Fleiß, an Überwindung eigener Müdigkeit, am zeitweiligen Zurückstellen eigener Bedürfnisse; zum anderen erlebt er aber auch das Glück, von einem geliebten Kind Gegenliebe zu empfangen, und den Stolz auf dessen Verhaltensfortschritte. Beide Arten von Erfahrungen erlauben es dem Vater, den ganzen Umfang dessen zu erfassen, was es bedeutet, als Mutter einem Kind in seinen verschiedenen Lebensphasen und Bedürfnissen gerecht zu werden. Wenn er all diese Aspekte des Mutterseins miterlebt und selbst erfahren hat und wenn er dann einen Vergleich mit seiner Berufstätigkeit zieht, dann wird er dem verantwortlichen Sorgen für Kinder keinen niedrigeren Rang einräumen, weder hinsichtlich des vielschichtigen Anspruchniveaus noch hinsichtlich der Erlebnistiefe.

Befragt man Erwachsene nach der Rolle des Vaters in ihrem Leben, so antworten viele: Der Vater war für sie sehr wichtig – als Spielpartner, später bei gemeinsamen Tätigkeiten (Basteln, Sport) und Unternehmungen, dazu vielfach auch als Vorbild in beruflicher Hinsicht. Das Vater-Vorbild kann eine entscheidende Rolle für die Herausbildung der Persönlichkeit eines Kindes spielen, ist aber in dieser Hinsicht auch voll ersetzbar. Das ist sogar gut so: denn andernfalls müsste ja das Aufwachsen bei einer allein erziehenden Mutter für das Kind notwendigerweise als verhängnisvolles Schicksal gelten. Davon kann aber keine Rede sein. Um es kurz zusammenzufassen: Für die Kinder und den Vater ist eine Wechselbeziehung keine unverzichtbare Notwendigkeit, aber eine wunderbare Chance.

Sexualentwicklung und Liebesfähigkeit

Unspezifisch ausgelöste sexuelle Erregung. Reize oder Situationen, die bei Kindern aller Altersstufen sexuelle Erregung hervorrufen, sind häufig nicht-sexueller Natur. Allgemeine Aufregung und Angst können bei Jungen eine Erektion auslösen. Auch das Sich-Erinnern an eine Phimose-Operation – wiewohl höchst unlustbetont – kann zum selben Ergebnis führen. Sexuelle Verhaltensanteile können auch im Übersprung auftreten. Ein Beispiel: Ein kleiner Junge brachte es in einer Badeanstalt trotz besten Willens bei mehrfachen Versuchen nicht über sich, vom 5-Meter-Brett in das Schwimmbecken hinein zu springen; plötzlich bemerkte er an sich eine Erektion und verkroch sich voller Scham unter einer Bank. Die Ursache hierfür war vermutlich der innere Konflikt zwischen dem Willensimpuls zum Absprung und der Angst, die den Absprung vereitelte. Als Übersprungreaktion ereignete sich daraufhin ein Teilgeschehen aus einem ganz anderen Verhaltensbereich.

Sexuelle Wissbegierde. In der Sicht der Verhaltensbiologie ist die Wissbegierde des Kleinkindes in ihrem Ursprung von sexuellen Triebfedern unabhängig. Doch es gehört auch zu ihren Kennzeichen, dass die Gegenstände des Interesses keiner vorgegebenen Beschränkung unterliegen. Was ein Kleinkind aus dem Bereich der Geschlechtlichkeit und Fortpflanzung wahrnimmt, ist daher in den Bereich seines allgemeinen Erkundungsdranges eingeschlossen. Warum sollte die Wissbegierde ausgerechnet vor dem Sexualbereich haltmachen? Wenn ein Kleinkind beispielsweise die körperlichen Unterschiede zwischen Mädchen und Jungen beobachtet und dann auch sich selbst entsprechend in Augenschein nimmt, so braucht das keineswegs sexuell motiviert zu sein; es kann ebensogut von seiner allgemeinen Wissbegierde angeregt werden. Hier sollten Eltern daher in jedem Einzelfall sorgfältig zwischen unterschiedlichen Verhaltensimpulsen unterscheiden und nicht unbedacht vom Gegenstand des Interesses auf die zugrunde liegende Motivation schließen.

Wie können Eltern auf die sexuelle Neugier des Kindes reagieren? Die Eltern sollten ihr Kind nicht tadeln oder strafen, aber auch nicht zur Wiederholung ermuntern, wenn sie es bei Erkundungen im Bereich der Geschlechtsorgane beobachten. Mitunter ist die Bestätigung angebracht: „Ja, du hast ein männliches Geschlechtsteil (oder andere Bezeichnung), du bist ein Junge und wirst später ein Papa (oder Mann) so wie unser Papa." Zum Mädchen wird Entsprechendes gesagt. Ergibt sich ein anschließendes Gespräch, so sollte wahrheitsgemäß, sachlich und mit einfachen Worten beantwortet werden, was das Kind fragt. Das Kind zeigt jeweils durch sein Fragen oder Nicht-Fragen, ob es noch weitere Einzelheiten wissen will oder nicht. Wenn die Eltern das beachten, können sie sich im Bereich dessen halten, was das Kind erfahren möchte und erfassen kann.

Verhältnis zur Sexualität Erwachsener. Wollen Eltern das Verhältnis des kleinen Kindes zur Sexualität der Erwachsenen verstehen, so sollten sie sich Folgendes klarmachen: Obwohl das Sexualverhalten der Erwachsenen etwas vollkommen Natürliches ist, können wir keine naturgegebene Grundlage für sein Verständnis und seine Bewertung durch das Kind voraussetzen. Wird ein Kind zufällig Zeuge sexueller Beziehungen, so lässt sich aus keinem biologischen Naturgesetz herleiten und voraussagen, wie es darauf reagieren wird. Wir müssen voraussetzen, dass die Kinder, je nach ihrem Alter, ihrem seelischen Entwicklungszustand, ihren Vorerfahrungen und ihrem Verhältnis zu den Eltern auf sehr unterschiedliche Weise vom Geschlechtsverkehr Erwachsener beeindruckt werden und dass dabei sogar gegensätzliche Gefühlsrichtungen zugleich beteiligt sein und sich in verwickelter Weise kombinieren können: Neugierde, Angst, Mitleid, Schamgefühl, Ekel und auch sexuelle Erregung. Welche von diesen Empfindungen sich beim Kind in solchen womöglich hoch emotionalen Situationen mit denen des sexuellen Bereichs verknüpfen und wie stark solche Assoziationen dann das spätere Verhalten bestimmen, ist nicht in allgemeine Regeln zu fassen. Die Gefahr verhängnisvoller Verknüpfungen zwischen sexuellen Gefühlen und z. B. Angst oder Ekel ist aber nicht auszuschließen.

Kinder nicht sexuell stimulieren! Wollen die Eltern alles daransetzen, um ihre Kinder vor Fixierungen und vor frühen Assoziationen der Sexualität mit Angst, Strafe, Aggressivität, Ekel usw. zu bewahren, so besteht der einzige einigermaßen sichere Weg darin, die Kinder weder absichtlich noch unabsichtlich sexuell zu stimulieren. Daher sollten beide Eltern gegenüber den Kindern ihre elterlich-liebevollen Gefühle von etwa aufkommenden erotischen Impulsen scharf trennen und von den letzteren die Kinder nichts spüren lassen. Sonst ist nicht auszuschließen, dass die Kinder sich von den Erwachsenen erotisch angezogen fühlen und auf sie fixiert werden, was sie abhängig macht, in Verwirrung stürzt und womöglich ihre spätere Liebesfähigkeit blockiert. Auch beim Reagieren auf kindliches Erkunden und spielerische Betätigung im Sexualbereich („Doktorspielen") und ebenso bei der sexuellen Aufklärung und beim Sexualkundeunterricht sollten die Erwachsenen unbedingt vermeiden, bei den Kindern sexuelle Erregung hervorzurufen. Denn es besteht die Gefahr von erregungsbedingten Prägungen: Ein Erwachsener kann in derartigen Situationen nicht kontrollieren, welche Assoziationen das Kind mit dem sexuellen Erregtsein verknüpft und kann daher nicht vermeiden, dass hemmende Verknüpfungen entstehen, die die spätere Entfaltung dieses Lebensbereichs in starkem Maße einschränken.

Umfassende Liebespartnerschaft. Dem Leitgedanken, das Sexuelle erreiche seine höchste Entwicklung als Anteil einer umfassenden Liebespartnerschaft, entspricht hinsichtlich der Sexualerziehung die Konsequenz: Sie sollte möglichst so beschaffen sein, dass sie das Kind zur späteren Liebespartnerschaft befähigt, die gleichermaßen das Geistige wie das Sexuelle umfasst. So gesehen helfen Eltern in ihrer Vorbildfunktion ihren Kindern am besten, wenn sie selbst eine herzenswarme, harmonische Lebensgemeinschaft bilden, so dass diese unaufdringlich den selbstverständlichen Unterton des Familienlebens bildet: gegenseitiges Vertrauen; das Bemühen, den Partner zu respektieren, Schaden von ihm abzuwenden und ihm auch in schwierigen Situationen beizustehen; warmes Bejahen der Eigenart des anderen; die Bereitschaft, auch einmal aus Rücksicht eigene Wünsche zurückzustellen; Selbstbeherrschung und Höflichkeit auch im Fall von Gegensätzen; Herzlichkeit, Zärtlichkeit und Humor im Umgang miteinander; Gemeinsamkeit im verantwortungsvollen Einsatz für andere Menschen und in außerfamiliären Anliegen. Bestehen diese Voraussetzungen nicht bei beiden Ehepartnern, so kann trotzdem die Grundhaltung *eines* erwachsenen Partners in die Rolle des Leitbildes eintreten, sei es ein Elternteil oder auch eine andere Person, die viel mit dem Kind zusammen ist. All dies kann tiefe Wirkungen auf Kinder ausüben und diejenigen Seiten ihrer Persönlichkeit zur Entfaltung bringen, die sie später als junge Erwachsene zu einer umfassenden Liebespartnerschaft fähig und bereit machen.

Es folgen noch zwei ganz unterschiedliche, aber wichtige Beiträge zur sexuellen Aufklärung bzw. zum Sexualkunde-Unterricht. Sie können für den einen oder anderen Jugendlichen oder Heranwachsenden, wenn er in einer entsprechenden Problemsituation ist, zur Erlösung aus einem inneren Konflikt und zur klaren Beschlussfassung beitragen:

Niemand braucht sexuelle Beziehungen aufzunehmen, nur um die sexuellen Verhaltensweisen zu erlernen oder zu üben. Ein junger Mensch braucht keine Angst zu haben, sich bei seiner ersten Liebesbegegnung zu blamieren, weil er zuvor noch keine sexuellen Erfahrungen gemacht hat. Nach wie vor kann es als sinnvolles Ziel gelten, sexuelle Begegnungen so lange aufzuschieben, bis sich wirklich eine umfassende Liebespartnerschaft anbahnt und beide Partner schrittweise aufeinander zugehen. Nicht der Routinier ist der beglückende Partner, sondern der zärtlich-einfühlsame.

Wird absichtlich oder ungewollt ein Kind gezeugt, ohne dass der gemeinsame Vorsatz zur künftigen dauernden Lebensgemeinschaft besteht, so ändert sich trotzdem von Grund auf das Leben für beide Partner. Die junge Mutter trägt 18 Jahre lang die Hauptverantwortung für das auf liebevolle und fördernde Betreuung angewiesene Kind. Geht der Vater danach seiner eigenen Wege, so hat er gleichwohl die Zahlung von Unterhalt für das Kind bis zum Abschluss von dessen Ausbildung zu leisten; und eingeklagte Ansprüche auf Alimente verjähren nicht! Die Feststellung der Vaterschaft ist beim Vorliegen einer genetischen Analyse nicht mehr abzustreiten. Durch die Zeugung eines Kindes werden also Schicksalsweichen gestellt – grundsätzlicher als kaum später im Leben.

3. Wie die Gesellschaft Eltern unterstützt

Unterschiedliche Formen von Unterstützung für Eltern

In einer Familie, in der Kinder aufwachsen, sollte die Sorge um deren Wohl im Mittelpunkt der Lebensgestaltung stehen. Die Kinder sind die abhängigsten und schwächsten Mitglieder der Familie, die für eine gesunde Entwicklung besonderer Aufmerksamkeit und Fürsorge bedürfen. Solange die Kinder klein sind, bindet diese Aufgabe zumindest bei einem der Partner, Mutter oder Vater, den überwiegenden Zeit- und Tätigkeitsanteil des persönlichen täglichen Daseins. Um den Bedürfnissen des Säuglings und Kleinkinds gerecht zu werden, sollten möglichst nicht beide Elternteile einer ganztägigen außerhäuslichen Berufstätigkeit nachgehen. Wenn die Kinder älter werden, geben sie einen wachsenden Anteil des verfügbaren elterlichen Einsatzes wieder frei; dies geschieht in dem Maße, in dem ihr Dasein mehr und mehr durch die Schule und sonstige Lebenskreise bestimmt wird. Dieser Prozess vollzieht sich von Kind zu Kind, je nach dessen Persönlichkeit und Lebenssituation, in unterschiedlichem Zeitverlauf und Ausmaß.

Weil eine gute Entwicklung des Kindes so weitgehend vom Verhalten der Eltern in der Familie abhängt, gehört zur Unterstützung des Kindeswohls die gesellschaftliche und öffentliche Anerkennung des Einsatzes der Eltern bzw. der Mutter für die Betreuung des Kindes; denn die jeweils in der Gesellschaft herrschenden entscheidungswirksamen Wertmaßstäbe bestimmen bei Müttern und Vätern in ungezählten Einzelfällen darüber, welche Anteile ihrer Energie und ihres Einsatzes sie den Kindern und wie viel sie anderen Belangen widmen. Noch immer stehen Frauen, die sich voll und ganz ihren Mutter- und Familienaufgaben widmen, gelegentlich unter dem Prestigedruck einer Umwelt, die sie als „Nur-Hausfrau" herabsetzt und das Wirken in der Familie nicht als Möglichkeit zur Selbstverwirklichung gelten lässt. Damit wird das Selbstwertgefühl aller innerlich nicht ganz unabhängigen Mütter angegriffen. Die Medien sollten daher nicht nur Leistungen im Beruf würdigen, sondern auch immer wieder verdeutlichen, wie wertvoll der Einsatz der Mutter (ebenso wie der des Vaters) für die Betreuung und Erziehung der Kinder ist. Dies gilt von der Geburt an bis zum Beginn des Erwachsenenalters. Die Kinderbetreuung darf nicht auf ein Minimum beschränkt bleiben, sondern sollte auf eine lebendige, vielfältige Partnerschaft zwischen Eltern und Kindern hinzielen, die sowohl die Kindheit und Jugend als auch die Elternschaft trotz der unausbleiblichen Sorgen und Probleme zu einer glücklichen, bereichernden Zeit werden lässt.

Zufriedenheit in der Familie und im Beruf müssen darum, jede für sich betrachtet, gleich hoch geschätzt werden; es sollte als intolerant gelten, das eine gegen das andere auszuspielen, herabzusetzen oder gar lächerlich zu machen. Es gilt für beide Geschlechter, dass mancher seinen Lebensschwerpunkt mehr in der Familie, der andere mehr im Beruf sucht und findet. Wenn jedoch Kinder vorhanden sind und falls die berufliche Selbstverwirklichung und die Sorge für Kinder in Konkurrenz miteinander treten, so sollte den Belangen des abhängigen und schwächeren Partners, also des Kindes, Vorrang gegeben werden, anstatt – als selbst Stärkerer – seine Ziele auf Kosten des Schwächeren zu verwirklichen.

Die staatliche wirtschaftliche Unterstützung der Kinder in der Familie erfolgt *finanziell* durch Kindergeld, Steuerfreibeträge, Erziehungsgeld für zwei Jahre nach der Geburt des Kindes (anzustreben wären hier drei Jahre), dreijährige Elternzeit mit Weiterbeschäftigungsgarantie, Anerkennung der Erziehungsjahre im Rentenrecht, Krankenversicherung, Aufrechterhalten des Invaliditätsschutzes, beitragsfreie Mitversicherung der Kinder in der gesetzlichen Krankenversicherung, Sozialhilfeanteile usw.; die staatliche Unterstützung erfolgt *funktionsgebunden* durch die Einrichtung von Spielplätzen, den Großteil der Finanzierung von Kindergärten, durch freien Schul- und Hochschulbesuch, Lernmittelfreiheit, Erziehungsberatungsstellen, Ermäßigungen in Verkehrsmitteln und Museen usw.

Leider steht der Finanzaufwand für die Belange der Kinder in Konkurrenz mit den Anforderungen anderer Ressorts und rangiert in der Rangstufenleiter der gesellschaftlichen Wertung tief unter anderen Ansprüchen, z. B. sogar unter denen der Verkehrspolitik. (Würden zehn Prozent der Züge der Bundesbahn ausfallen, würde dies als öffentlicher Skandal gelten; der Ausfall von zehn Prozent oder mehr an Schulstunden wird dagegen von Politikern und Verwaltung seit Jahrzehnten ohne vergleichbare Reaktion hingenommen. Dies ist ein Indikator für die in der Gesellschaft geltenden entscheidungswirksamen Wertmaßstäbe.)

Allein erziehende Mütter und Väter brauchen besondere Unterstützung

Die Betreuung eines Kindes erfordert fast zwei Jahrzehnte lang einen großen Einsatz der Eltern. Das ist eine verantwortungsvolle, überaus wichtige Aufgabe und Leistung, gilt es doch, einem Kinde durch die Art seiner Betreuung und Erziehung zu einer Entfaltung der angelegten Fähigkeiten zu verhelfen, so dass es später im Sinne der Selbstvervollkommnung sein Leben individuell zu gestalten vermag. Entschließt sich eine Mutter oder ein Vater jedoch dazu, das Kind allein zu erziehen, so stellen sich ganz eigene Probleme. Allein erziehende Mütter oder Väter werden daher die verschiedenen Hilfsangebote in allen Konsequenzen prüfen müssen – sowohl im Hinblick auf das Kindeswohl als auch auf ihre eigene Leistungsfähigkeit und Lebenssituation. Im Falle eines Interessenkonflikts zwischen den Bedürfnissen ihres Kindes und den eigenen ist eine Güterabwägung notwendig. Dabei ist die Kenntnis der in Kapitel 1 und 2 dargestellten Entwicklungsschritte des Kindes besonders wichtig. Auch der Zeitfaktor spielt eine Rolle: Zeit zu haben für einen Menschen, Zeit zu haben, um das gemeinsame Leben auszugestalten, oder aber überlastet zu sein durch zu viele Aufgaben und zu wenig Zeit, hat einen kaum zu überschätzenden Einfluss auf die Entwicklung des Kindes. Weiterhin ist eine Zeitspanne von drei Jahren in der ersten Lebenszeit eines Kindes von ungleich größerer Bedeutung und Relevanz als ein 3-Jahres-Zeitraum innerhalb des 30- bis 40-jährigen Berufslebens eines Erwachsenen.

Wird ein Kind allein von seiner Mutter oder allein vom Vater aufgezogen, so kann dieser Elternteil den Lebensunterhalt für sich und das Kind entweder in Form von Sozialhilfe erhalten oder ihn durch ganztägige außerhäusliche Erwerbstätigkeit bestreiten. Letzteres macht – falls keine Großeltern verfügbar sind – die Fremdbetreuung des Kindes während der täglichen Abwesenheit der Mutter bzw. des Vaters notwendig: in einer Krippe oder in Tagespflege. Fremdbetreuung muss zwar nicht, kann jedoch ganz eigene Probleme für Säugling und Kleinkind mit sich bringen – und auch für den betreuenden Elternteil: Schon wenn ein Kind statt seiner beiden Eltern nur einen Elternteil hat, ist das in der Regel ein Verlust. Wenn dieser Elternteil dem Kind dann auch noch nur einen Bruchteil des Tages zur Verfügung steht, und zwar erst am Spätnachmittag oder abends, womöglich ermüdet durch einen vorangegangenen anstrengenden Arbeitstag, dann ist dadurch und zusätzlich noch durch die möglichen Probleme im Zusammenhang mit der Fremdbetreuung der Nachteil vervielfacht. Oft fehlen bei dem überlasteten allein erziehenden Elternteil die Zeit und die innere Spannkraft, um durch ruhiges, individuelles, einfühlsames Eingehen aufeinander eine vertrauensvolle Bindung aufzubauen und zu festigen.

Zwar gibt es dennoch eine gewisse Anzahl allein erziehender Elternteile, die trotz ganztägiger außerhäuslicher Berufstätigkeit ihre Betreuungs- und Erziehungsaufgabe meistern, so dass eine sichere Mutter-Kind-Bindung entsteht; aber niemand kann die dazu notwendigen äußeren Umstände – z. B. das Erhaltenbleiben der Pflegemutter über mehrere Jahre – sowie auch günstige Wesenseigenschaften des Kindes und des Elternteils (Vitalität, Belastbarkeit) als gegeben voraussetzen. Aus diesem Grunde ist die Allein-Betreuung eines Säuglings und Kleinkindes durch eine allein erziehende Mutter oder einen allein erziehenden Vater (verwitwet, geschieden oder unverheiratet) als nicht einfach zu bewältigende Situation anzusehen, die der Unterstützung und Hilfe durch die Gemeinschaft bedarf.

Die Solidargemeinschaft ermöglicht einer allein erziehenden Mutter oder einem allein erziehenden Vater, das Kind selbst aufzuziehen – allerdings in wirtschaftlich eingeschränktem Rahmen: Die Mutter oder der Vater erhalten nach dem Bundessozialhilfegesetz drei Jahre lang Hilfe zum Lebensunterhalt für das Kind und sich selbst, den Mehrbedarfszuschlag für Allein erziehende, die Zahlung von Krankenversicherungsbeiträgen, Wohngeld,

Heizkostenzuschuss, einmalige Leistungen und Hilfe in besonderen Lebenslagen. Allein erziehende Eltern dürfen etwas Geld hinzuverdienen, ohne dass dieser kleine Verdienst von der Sozialhilfe abgezogen wird. Hinzu kommt für zwei Jahre das Bundeserziehungsgeld, dazu in Baden-Württemberg anschließend für ein weiteres Jahr ein Erziehungszuschlag. Auch manche andere Bundesländer gewähren für bestimmte Zeiträume zusätzlich zur Sozialhilfe materielle Hilfen für Mutter/Vater und Kind in Not. Dadurch kann die Mutter bzw. der Vater beim Kind bleiben und es als Hauptbindungsperson betreuen, so dass sich zwischen beiden ein Zusammengehörigkeitsgefühl entwickeln kann. Unter der Voraussetzung einer liebevollen, zuverlässigen und konsequenten Betreuung werden die Bedürfnisse des Kindes erfüllt. Die wirtschaftliche Unterstützung der kleinen Familie ist zwar knapp bemessen, aber gesichert. Mütterzentren und der bundesweite „Verband allein erziehender Mütter und Väter", ferner kirchliche Mutter-Kind-Gruppen, Selbsthilfegruppen wie PEKIP, „Eltern werden – Eltern sein e.V." (Freiburg) etc. können soziale Kontakte und Beratung in Notlagen sowie pädagogische Tipps geben, wenn die Mutter oder der Vater Interesse haben, diese Angebote wahrzunehmen.

Ganztägige Berufstätigkeit mit Fremdbetreuung des Kindes. Will der allein erziehende Elternteil eines Säuglings und Kleinkindes Elternschaft und Berufstätigkeit kombinieren, so ergeben sich für ihn selbst, aber insbesondere für das Kind die besonderen Probleme der Großelternbetreuung, der Tagespflege oder des Krippen- und Krabbelstubenaufenthalts. Darüber sollten Mütter und Väter im Voraus informiert sein, um nicht von den möglichen Problemen überrascht zu werden, sondern sich vorausschauend entsprechend einzustellen und auftretende Schwierigkeiten durch sorgfältige Planung so weit als möglich zu mildern.

Bei der Kombination von mütterlicher oder väterlicher Berufstätigkeit mit der dann unvermeidlichen Fremdbetreuung des Kindes sind von allen Beteiligten Belastungen zu tragen. Es werden jeweils spezifische Anforderungen an das Kind, den allein erziehenden Elternteil sowie die zusätzliche Pflegeperson gestellt. Dabei spielen mehrere Gegebenheiten eine wichtige Rolle: die Persönlichkeiten von Mutter oder Vater und der mithelfenden weiteren Bezugsperson (Großeltern, Pflegemutter), d. h. ihre Reife, Wärme, Selbstsicherheit, Erziehungskompetenz und ihre Fähigkeit zur Zusammenarbeit; die Veranlagung des Kindes und seine bisherigen Erfahrungen; die Kontinuität und Qualität der Betreuung; der Zeitpunkt des Beginns der Fremdbetreuung; die Dauer der Abwesenheit der Mutter oder des Vaters durch Berufstätigkeit. Alles dies muss im Voraus bedacht und berücksichtigt werden.

Programm „Mutter und Kind":
Hilfe für allein erziehende Mütter/Väter

Eine besondere Form der Hilfe für allein erziehende Mütter bzw. Väter und ihr Kind gewährt das Land Baden-Württemberg mit dem Programm „Mutter und Kind", das an dieser Stelle kurz exemplarisch vorgestellt werden soll. Aufgrund seines Erfolges könnte es als Modell auch in anderen Bundesländern Anwendung finden.

Das Programm „Mutter und Kind" bietet allein erziehenden Müttern/Vätern:
1. *materielle Hilfe:* Hilfe zum Lebensunterhalt (Sozialhilfe) für drei Jahre und, im Anschluss an das zweijährige Bundeserziehungsgeld, zusätzlich ein Erziehungszuschlag in gleicher Höhe bis zum Ende des dritten Lebensjahres des Kindes;

2. *sozialpädagogische Hilfe:* Gesellige Gruppentreffen der allein erziehenden Mütter und Väter und ihrer Kinder mit Spielen, pädagogischen Gesprächen und – wenn gewünscht – Einzelberatung durch die Gruppenbetreuerin.

Die Mutter oder der Vater verzichtet auf ganztägige außerhäusliche Erwerbstätigkeit. Sie betreuen ihr Kind in dessen ersten drei Lebensjahren stattdessen selbst. Die staatlichen Geldmittel werden also direkt der Mutter bzw. dem Vater und dem Kind gegeben, statt damit Institutionen der Fremdbetreuung des Kindes zu finanzieren.

Materielle Sicherung. Die allein erziehenden Mütter und Väter empfangen die in der Bundesrepublik durch Rechtsanspruch gesicherten finanziellen Hilfen („Sozialhilfe"-Regelsätze sowie den Mehrbedarfszuschlag für allein erziehende Mütter/Väter und ihr Kind, Mietzahlung, Beihilfen für Bekleidung, für Heizkosten und bei besonderen Belastungen, Beiträge zur Kranken- und Sozialversicherung), dazu aus Landesmitteln einen „Erziehungszuschlag".

Durchführung des Programms. In regelmäßigen Abständen treffen sich die Mütter oder Väter und ihre Kinder mit den Betreuerinnen zu *gemeinsamen Veranstaltungen* von jeweils etwa zwei Stunden Dauer an Nachmittagen. Weiterhin finden etwa im Abstand von drei Monaten Wochenendfreizeiten statt. Während der Zusammenkünfte werden allgemeine Fragen der Entwicklung des Säuglings und Kleinkindes, der Ernährung, der Betreuung und Erziehung besprochen. Ferner wird beispielsweise Mutter-Kind-Turnen angeboten, es wird musiziert und gesungen. Finger- und Kreisspiele und Kinderverse werden gelernt, Kasperle-Theater gespielt, die jahreszeitlichen Feste gefeiert usw.

Besonders angesprochen werden Probleme, die speziell mit der Betreuung eines Kindes durch einen allein erziehenden Elternteil zu tun haben, beispielsweise:

- Erziehung zur Selbständigkeit, z. B. Allein-Essen, selbständiges An- und Ausziehen (um Überbehütung zu vermeiden);
- gemeinsame Besuche bei Großeltern, Verwandten, Freunden mit Kindern (um die Isolation und eine Fixierung von Mutter und Kind aufeinander zu vermeiden);
- Aufbau einer Beziehung zum Kind auf breiter Basis: gemeinsame Tätigkeit von Mutter/Vater und Kind, Besuch auf dem Spielplatz und im Schwimmbad, Balancieren, Klettern, Gespräche, Bilderbücher-Anschauen, Vorlesen, gemeinsames Einkaufen, Zoo-Besuche, also vielfältige Anregungen für das Kind („Stimulation").

Da alle allein erziehenden Elternteile in ähnlicher Lebenslage sind, bilden sich bei den Treffen vielfach engere Bekanntschaften und Freundschaften zwischen den Erziehenden und nach und nach auch zwischen den Kindern. Dies wirkt Gefühlen des Verlassenseins, der Einsamkeit und der sozialen Isolation entgegen. Das häufige Zusammensein der Kinder miteinander in Gegenwart ihrer Mütter oder Väter fördert auch die Fähigkeit der Kinder, zunehmend länger in einer Kindergruppe zu sein. Neben dem Beobachten und Nachahmen des Einzelspiels entwickelt sich nach und nach auch das spontane Spielen mehrerer Kinder miteinander. Das erleichtert später den Übergang in den Kindergarten. Die Gruppentreffen sind das soziale Kernstück des Programms „Mutter und Kind" und daher für die TeilnehmerInnen verbindlich.

Kontaktbesuche. Einen weiteren Bestandteil des Programms „Mutter und Kind" bilden von Beginn an regelmäßige Kontaktbesuche der Betreuerinnen bei den Müttern bzw. Vätern mit Gelegenheit zum Gespräch über persönliche Fragen wie Wohnungssuche, Beziehungsprobleme mit den Eltern oder mit Partnern, Berufsfragen, rechtliche Fragen, Sorgen hinsichtlich der Gesundheit des Kindes. Wichtig sind auch Gespräche über Arbeitsplatzsuche und Weiterbildung. (Dieser Teil des Programms „Mutter und Kind" entspricht als Hilfsangebot auch dem Recht auf Beratung, das von dem neuen Schwangeren- und Familienhilfegesetz vorgesehen ist.) Die Kontaktbesuche im vertrauten Bereich der eigenen Wohnung werden von den allein erziehenden Eltern nicht als unangenehme Kontrolle empfunden, sondern vielmehr als Möglichkeit, sich auszusprechen und Information über Fragen zu erhalten, die sie bedrängen. Sie stellen – zusammen mit den Gruppentreffen – für viele Frauen und Männer ein zusätzliches soziales Netzwerk dar.

Unterstützung in Einzelfällen. Mitunter setzen sich die Betreuerinnen auch unmittelbar für Kind und Mutter/Vater ein, beispielsweise durch die Vorsprache bei Behörden oder durch die Aufnahme der Verbindung zu Ärzten.

Das Programm „Mutter und Kind" ist seit seiner Einführung im Jahre 1975 auf Mütter bzw. Väter zugeschnitten, die ihr Kind gern selbst betreuen möchten, dies auch selbständig oder mit gewisser Unterstützung zu leisten vermögen und die bereit sind, mit den Betreuerinnen zu kooperieren. Sie sollten einen Beruf erlernt haben bzw. sich als Auszubildende bewähren. Für Mütter und Väter, die spezielle Probleme in ihrer Lebenssituation haben, sind um der Kinder willen andere Hilfen notwendig.

Die Ausgestaltung und Betreuung der Mutter-Kind-Gruppen wird zum Teil von den Stadt- und Landkreisen mit ihren zuständigen Jugend- und Sozialämtern wahrgenommen, zum Teil von freien Trägern wie Institutionen der katholischen oder evangelischen Kirche, vom Roten Kreuz, der Arbeiterwohlfahrt (AWO) oder anderen sozial engagierten Verbänden.

Zusammenfassung. Das Programm „Mutter und Kind" gewährt der allein erziehenden Mutter bzw. dem allein erziehenden Vater und dem Kind drei Jahre, um miteinander eine sichere Mutter/Vater-Kind-Bindung aufzubauen. Statt dass der Staat seine Geldmittel für Institutionen der Fremdbetreuung wie Krippen oder Tagesmütter einsetzt, bietet er hier die Mittel direkt den in Not befindlichen allein erziehenden Eltern und ihrem Kind an. Damit erhält die Mutter bzw. der Vater eine echte Wahlmöglichkeit zwischen den Alternativen:
– außerhäusliche Ausbildungs- oder Erwerbstätigkeit, kombiniert mit Fremdbetreuung des Kindes, oder
– eigene Übernahme der Betreuung und Erziehung des Kindes von Geburt an bis zur Kindergartenreife, kombiniert mit materieller Sicherung, sozialpädagogischer Betreuung und der Unterbrechung der Ausbildung bzw. der Berufstätigkeit. Bei der Suche bzw. Sicherung eines Ausbildungs- bzw. Arbeitsplatzes nach dieser Unterbrechung leisten die Betreuerinnen und das Arbeitsamt, soweit gewünscht, Unterstützung. Hierbei spielt die Weiterbeschäftigungsgarantie nach dem Erziehungsurlaub eine wichtige Rolle.

Den Kindern ermöglicht das Programm „Mutter und Kind":
– den Aufbau und das Erhaltenbleiben (die Konstanz) der sicheren Bindung an die leibliche Mutter bzw. den Vater; Erfahrung von Liebe, Geborgenheit und Kontinuität auch in Familien mit nur einem Elternteil (Urvertrauen);
– das Gefühl, ein geliebtes, geschätztes, an erster Stelle der Werteskala der Mutter bzw. des Vaters stehendes Familienmitglied zu sein (Basis des Selbstwertgefühls);
– intensive, vielfältige Partnerschaft (Interaktion) mit der Mutter oder dem Vater in den ersten drei Lebens-

jahren (Spielen, Spracherwerb, Gewinn von Selbständigkeit und sozialem Verhalten, erste Wertvorstellungen).

Das Programm „Mutter und Kind" entlastet Kinder von:
- täglicher Fremdbetreuung in Tagespflege;
- Wechsel der Tagespflegestellen, d. h. Verluste wichtiger, manchmal der wichtigsten Bezugspersonen, z. B. wegen Kündigung, Umzug oder unüberwindbarer Differenzen zwischen den Erwachsenen;
- Konflikten und Orientierungsschwierigkeiten wegen unterschiedlicher Betreuungs- und Erziehungsmethoden und -ziele von Mutter/Vater und Tagesmutter;
- Gefühlen des Zurückgesetztseins hinter Kindern der Tagesmutter (Eifersucht);
- Belastungen durch Unstimmigkeiten und Auseinandersetzungen zwischen Mutter/Vater und Tagesmutter;
- zu geringer individueller Zuwendung und Ansprache infolge zu geringer Anzahl von Betreuerinnen in Krippen und Krabbelstuben;
- allgemeiner Unruhe und Stress in diesen Institutionen;
- einem erhöhten Krankenstand in Krippe und Krabbelstube.

Den Müttern/Vätern ermöglicht das Programm „Mutter und Kind":
- den zur leiblichen Elternschaft gehörenden seelisch-geistigen Anteil und damit die sichere Bindung des Kindes vorrangig an die Mutter bzw. den Vater anstatt etwa an die Tagesmutter;
- das Miterleben der Entwicklung des Kindes; einfühlsame Abstimmung mit ihm durch das Kennenlernen seiner Wesensart;
- Zeit für die Pflege sozialer Beziehungen, zusammen

mit dem Kind, zu Verwandten und zu befreundeten Familien mit Kindern;
- die Erziehung des Kindes nach den eigenen Vorstellungen, Werten und Idealen;
- den Gewinn an Selbstvertrauen und Selbstwertgefühl durch die Übernahme und Bewältigung der Erziehungsaufgaben und Haushaltsführung;
- Gewinn an Selbstachtung durch die Zugehörigkeit zum Programm Mutter und Kind: Das ist ein anderer Status, als lediglich Empfänger von Sozialhilfe zu sein.

Das Programm „Mutter und Kind" entlastet Mütter/ Väter von:
- der Dreifachbelastung durch die Betreuung des Kindes, die Berufstätigkeit und die Hausarbeit;
- der Abhängigkeit von einer Pflegemutter aus Sorge vor der Kündigung des Betreuungsverhältnisses und vor dem damit verbundenen Bezugspersonenverlust und -wechsel für das Kind;
- dem Hinnehmen etwaiger, nicht von der Mutter/dem Vater gutgeheißener Erziehungsmethoden der Pflegemutter, womöglich nur mühsame Kompromissfindung; die Sorge um das Wohlergehen des Kindes während täglicher langer Trennungszeiten.

Wiederaufnahme der Berufstätigkeit der Mutter/des Vaters nach Ablauf des Programms „Mutter und Kind".
Es gehört ausdrücklich zu den Ausführungsrichtlinien des Programms „Mutter und Kind", dass die TeilnehmerInnen darauf aufmerksam gemacht und darin beraten und unterstützt werden, zu gegebener Zeit ihre Berufstätigkeit wieder aufzunehmen. Für Mütter oder Väter, die schon vor ihrem Erziehungsurlaub berufstätig waren, besteht eine Weiterbeschäftigungsgarantie. Im Jahre 1995 haben – um ein Beispiel zu nennen – 75 Pro-

zent der entsprechend berechtigten Mütter bzw. Väter diese Möglichkeit wahrgenommen. Dies widerlegte auch die vereinzelt geäußerte Befürchtung, dass durch das Programm „Mutter und Kind" „Sozialhilfe-Karrieren" angebahnt würden. Als schwieriger erwies sich die Arbeitsplatz-Suche für Mütter, die beim Eintritt der Schwangerschaft noch keine Berufsausbildung begonnen hatten. Gegebenenfalls mussten sie entsprechend ihrem Status als ungelernte Hilfskräfte arbeiten. Allgemein ist es wichtig, den allein erziehenden Müttern oder Vätern bei der späteren Wiedereingliederung in das Berufsleben zu helfen. Der öffentliche Dienst, die Gewerkschaften, kirchliche und weitere Institutionen müssen durch übereinstimmende Willensbildung und entsprechende Maßnahmen Ausbildungs- und Arbeitsplätze bereitstellen und mit Müttern oder Vätern besetzen, die um der Betreuung ihres Kindes willen zeitweilig ihre Berufstätigkeit unterbrochen hatten. Auch bei Halbtagsarbeit sollte es sich um versicherungspflichtige Arbeitsverhältnisse handeln.

Eine unerwartete Schwangerschaft und die Geburt eines Kindes bedeuten für allein erziehende Elternteile in vielen Fällen einen tiefen Einschnitt in die zuvor gefassten Lebenspläne. Wie dann auch die folgenden Entscheidungen ausfallen – sie haben, wie zu Beginn des Abschnitts über allein erziehende Eltern beschrieben, großen Einfluss auf die gesunde Entwicklung des Kindes und auf die Lebensgestaltung der allein erziehenden Mutter bzw. des allein erziehenden Vaters. Das Programm „Mutter und Kind" liefert dank der fünf aufeinander abgestimmten Prinzipien – ganztägige Kindbetreuung, Unterbrechung der Berufstätigkeit, Sicherung des wirtschaftlichen Auskommens, gemeinsame Mutter/Vater-Kind-Veranstaltungen mit einer Betreuerin, Einzelberatung in persönlichen und beruflichen Problemen – die bislang beste Kombination von Bedingungen, um einer möglichen Vernachlässigung des Kindes vorzubeugen und einen glücklichen Entwicklungsstart für Kind und Mutter/Vater und für deren gemeinsame seelisch-geistige Beziehung zu gewährleisten.

In Baden-Württemberg besteht das Programm „Mutter und Kind" nun schon seit mehr als 25 Jahren. Seine Akzeptanz ist groß, sowohl bei den teilnehmenden jungen Müttern als auch in den verantwortlichen Organisationen und staatlichen Instanzen. Erhebungen im Rahmen einer Diplomarbeit über das Mutter-Kind-Programm und einer Untersuchung der Familienwissenschaftlichen Forschungsstelle des Statistischen Landesamtes Baden-Württemberg erbrachten positive Stellungnahmen zur Gruppenbetreuung durch 83 Prozent und zur Einzelbetreuung durch 95 Prozent der befragten TeilnehmerInnen. Mehr als die Hälfte der TeilnehmerInnen wünschte sogar eine freiwillige Nachbetreuung (39 Prozent durch Gruppenbetreuung, 20 Prozent durch Einzelbetreuung) durch die ehemalige Gruppenbetreuerin. Diese Einrichtung hat sich inzwischen so bewährt und sich so positiv auf zahlreiche Kinder und ihre allein erziehenden Eltern ausgewirkt, dass es nun an der Zeit wäre, dieses Programm auch in anderen Bundesländern einzuführen und allein erziehenden Müttern und Vätern zugänglich zu machen und als Unterstützung anzubieten.

4. Nicht von den leiblichen Eltern betreute Kinder

Betreuung durch die Großeltern

Nicht wenige Kinder wachsen ganz oder teilweise bei den Großeltern auf. Manche übernachten dort, andere sind nur während des Tages in der Pflege und Obhut der Großeltern und werden abends und morgens von der Mutter oder dem Vater betreut. Was sind die Konsequenzen dieser Art von Betreuung? Falls das Kind als Kleinkind mehr Betreuung von der Großmutter als von der Mutter oder dem Vater erfährt, bindet es sich in vielen Fällen auch stärker an die Großmutter. Dabei handelt es sich um den biologisch bedingten frühkindlichen Bindungsvorgang, der gesetzmäßig abläuft und selten durch gutes Zureden, erst recht aber nicht durch Disziplinierungsmaßnahmen der Eltern zu korrigieren ist. Was in der sensiblen Phase der individuellen Bindung, die nun einmal im ersten und zweiten Lebensjahr liegt, festgelegt wird, beruht auf den Wahrnehmungen und dem Erleben des Kindes. Wer das Kind in dieser Zeit vorwiegend betreut, wird zu seiner eigentlichen Mutter, ganz gleich, ob ein Verwandtschaftsverhältnis besteht und wer vom Kind „Mutter" genannt wird.

Junge Mütter, die ihren Säugling bei den Großeltern aufwachsen ließen, empfinden es oft als kränkend, wenn das Kind sich ihnen weniger zuneigt und ihnen gegenüber weniger folgsam ist als gegenüber der Großmutter. Mit Strenge versuchen sie dann allabendlich ihr Kind zum „Gehorsam" zu erziehen und vermuten, die Großmutter sei zu wenig streng. Hier verfallen sie einem Irrtum: Gehorsam lässt sich niemals von einem Menschen auf den anderen übertragen, sondern ist vom Kind aus immer nur auf den jeweiligen Erzieher bezogen. Bei jedem neuen Erzieher erprobt das Kind neu, wie weit es gehen kann, ganz gleich, wie es von seinen anderen Erziehern behandelt wird. Es ist Ausdruck natürlichen sozialen Erkundens, wenn das Kind bei der Mutter erst wieder versucht, bis an die Grenze zu gehen. Dies geschieht unabhängig davon, ob die Großmutter verwöhnend oder streng ist und ob das Kind bei ihr gehorsam ist oder nicht.

Dabei ist zu bedenken, dass die Mütter bzw. Väter abends, wenn sie von ihrer Berufsarbeit kommen, oft müde und nervös sind und aus dieser Stimmung heraus gar nicht die liebevolle Zuwendung und Geduld aufbringen können, die nun einmal für die Erziehung eines kleinen Kindes notwendig ist. Wenn es dann zum Streit mit dem Kind kommt, besteht die Versuchung, der erziehenden Großmutter insgeheim oder offen die Schuld zu geben und zu meinen, sie sei zu milde oder verwöhne das Kind. Vielfach gelten die Großeltern als verwöhnende Erzieher. Um diesem Vorwurf zu entgehen, sind manche Großmütter zu den ihnen anvertrauten Kindern absichtlich besonders streng, und es kommt zu Erziehungsproblemen durch zu harte, verkrampfte Erziehung.

Erfährt die Großmutter von Schwierigkeiten, die die Mutter mit dem Kind hat, so kann sie ihrerseits das Kind entweder strenger oder aber auch aus Mitgefühl liebevoller behandeln als zuvor; Missverständnisse und Auseinandersetzungen können die Folge sein, unter denen vor allem die Kinder leiden. Solche Kinder sind mitunter jeden Tag erneut einem Wechselbad der Gefühle ausgesetzt, das durch die unterschiedlichen Erziehungsprinzipien seitens der Großeltern und der Eltern bedingt ist. Unwahrhaftigkeit und unruhig-gespannte Orientierungslosigkeit der Kinder können die Folge sein.

Angenommen, ein Kind hat sein Säuglingsjahr ganz bei den Großeltern verlebt, ohne dass es täglich ausgiebig Zeit mit der Mutter verbracht hat; jetzt aber könnte die junge Mutter (vielleicht, weil sie ihre Ausbildung beendet oder eine Ehe geschlossen hat) das Kind zu Beginn der Kleinkindzeit zu sich nehmen – so birgt die Entscheidung über die Pflege des Kindes, wie man sie auch trifft, bestimmte Risiken für das Kind:
- Um dem Kind den Abbruch seines bisherigen Betreuungsverhältnisses und seiner Bindung an die Großeltern ausgerechnet in der dagegen überaus empfindlichen ersten Kleinkindzeit zu ersparen, wäre es um der Erhaltung der entstandenen Bindung und der Kontinuität der Betreuung willen an sich günstig, wenn die Mutter es ermöglichte und zuließe, das Kind weiter bei den Großeltern aufwachsen zu lassen. Aber gerade in der Phase des Selbständigwerdens erfahren Kinder bei den Großeltern oft Einschränkungen; denn diese sind körperlich nicht mehr so widerstandsfähig, oft auch geräuschempfindlicher als die Eltern, und sie sind den Eltern gegenüber vielfach von einem Verantwortungsgefühl voll ängstlicher Besorgtheit bestimmt. Aus diesen Gründen halten sie die Kinder bisweilen viel mehr zum Stillsein und Bravsein an, als es einem Kind in dieser Lebensphase zugemutet werden sollte.
- Übernimmt aber die Mutter das Kind, das im ersten Jahr bei der Großmutter aufwuchs, so wird sie meist durch unerwartete Verhaltensstörungen aufgrund des „Mutterverlustes" des Kindes überrascht, auf die sie gar nicht vorbereitet ist und die sie – vor allem, falls sie sich auch jetzt wegen Weiterführung ihrer außerhäuslichen Berufstätigkeit nicht ganz dem Kind widmen kann – nicht vollständig zu bewältigen vermag.

Doch welcher Weg ist für ein Kind der beste, wenn dieses bei den Großeltern lebte und nun unbedingt zu seiner Mutter überwechseln soll? Das Kind sollte während einer möglichst wochenlangen Übergangszeit von der Großmutter und Mutter gemeinsam ganztägig betreut werden, um die Umstellungsschritte möglichst langsam und unmerklich vollziehen zu können. Dabei sollte jedes Gegeneinander und jede Eifersucht zwischen Großmutter und Mutter vermieden werden. Das Kind sollte während der Umstellungszeit mit ganz besonderem Liebes- und Zeitaufwand, mit besonderer Geduld und Großzügigkeit betreut werden. In ganz kleinen Schritten sollte die Mutter mehr und mehr die Betreuung des Kindes übernehmen, zuerst in Gegenwart der Großmutter, dann manchmal allein bei zunächst kürzerer, später bei längerer Abwesenheit der Großmutter.

Nach dem Abschied von den Großeltern sollte das Kind mit den Eltern so oft wie möglich (und nicht etwa so selten wie möglich) die Großeltern besuchen, um das Heimweh gering zu halten und um darauf hinzuwirken, dass das Kind sich in beiden Familien zu Hause fühlt. Unbedingt sollte die Mutter genügend Zeit einplanen, dem Kind über seine Anfangsschwierigkeiten hinwegzuhelfen. Sie sollte zu dieser Zeit möglichst nicht außerhäuslich berufstätig sein, weil dann ja noch eine dritte Betreuungsinstanz eingeschaltet werden müsste. Immer wieder sollten sich alle Beteiligten vor Augen halten: In der Regel hat ein Kind, das zwei unterschiedlichen Erziehungssituationen ausgesetzt ist, mehr Probleme, als wenn es in nur einer Familie aufwächst.

Alles in allem liegen also durchaus nicht zu übersehende mögliche Probleme für Kinder und Eltern darin, wenn die Kinder vorübergehend nicht von den Eltern betreut werden. Wer ein Kind in den ersten Lebensjahren ganz oder zum größeren Teil in andere Hände gibt, nimmt in Kauf, dass dann die entscheidende Bindung nicht an die leibliche Mutter erfolgt und nur langsam während eines längeren Zeitraums durch ständiges harmonisches Miteinander auf sie übergehen kann.

Aber auch ein Nebeneinander von Großeltern- und Elternerziehung, ganz gleich in welchem Alter des Kindes, kann Probleme für das Kind und seine Erzieher mit sich bringen. Sie ohne Schaden für ein Kind zu meistern, verlangt Besonnenheit, Geduld, gegenseitige Verbundenheit, Offenheit und gutes Einvernehmen zwischen den Eltern und Großeltern. Auch verlangt es große physische und psychische Kräfte. Den Großeltern, sich selbst und dem Kind all dies aufzubürden, sollten sich alle jungen Eltern reiflich überlegen.

Sollten junge Eltern aber wirklich keinen Weg finden, die Betreuung ihres Kindes zu übernehmen, dann sind Großeltern oder andere Verwandte immer noch die günstigsten Partner für das Kind; denn sie sind ihm im Bewusstsein der engen verwandtschaftlichen Beziehung zumeist besonders zugetan, und als Verwandte bleiben sie im Gesichtskreis des Kindes, auch wenn die Eltern zu einem späteren Zeitpunkt die Betreuung übernehmen. Nicht verwandte Betreuer dagegen gehen einem Kinde eher verloren, beispielsweise durch Kündigung des Arbeitsverhältnisses; und es ist auch nicht gewährleistet, dass die Eltern später den Kontakt zu ihnen aufrechterhalten.

Adoption – was gilt es zu bedenken?

Ursprünglich diente die Adoption in erster Linie dazu, kinderlosen Ehepaaren einen Erben zu verschaffen. Heutzutage erfüllt sie dagegen vorwiegend die Aufgabe, Kindern, die dessen bedürfen, ein neues Elternhaus zu geben. Das Adoptionsrecht hat sich in vieler Hinsicht geändert, um seiner neuen Rolle gerecht zu werden. So erhält das angenommene Kind in der Bundesrepublik seit 1977 uneingeschränkt den gesetzlichen Status eines gemeinschaftlichen ehelichen Kindes mit allen hiermit verbundenen Rechten und Pflichten; die Adoption beendet sämtliche *Rechts*beziehungen zur leiblichen Familie (Volladoption). Lediglich durch die vom Standesamt ausgestellte Abstammungsurkunde bleibt die Information über die genetische Herkunft des Kindes erhalten. Diese Urkunde tritt in Funktion beim Aufgebot für die Eheschließung oder wenn das adoptierte Kind erfahren möchte, wer seine leiblichen Eltern sind.

Bei der *Adoptionsvermittlung* geht es darum, passende Eltern für ein Kind zu finden. Das Adoptivkind braucht in seiner künftigen Familie nicht allein die körperliche Versorgung; sondern auch seine Bedürfnisse nach sicherer Zugehörigkeit und Zärtlichkeit müssen befriedigt werden, und die Adoptiveltern müssen es in seiner Individualität und mit seinem Vorschicksal annehmen können. Im Interesse des Kindes müssen die Motivation und die Belastungsfähigkeit der Annehmenden genau überprüft werden; denn im Rahmen der Volladoption sind die Adoptiveltern ihrem Kinde wie leibliche Eltern lebenslang verbunden und erleben alle Freuden und Leiden, alle Rechte und Pflichten der Elternschaft. In der Adoptionsvermittlungsstelle des Jugendamtes arbeitet eine erfahrene Fachkraft. Sie spricht mit der freigebenden Mutter über deren Motive, über Hilfsangebote und über die Befürchtungen, die sie bedrängen; und sie berät die annehmenden Adoptiveltern vor, während und nach der Adoption. Sie kann auch der Ansprechpartner für die heranwachsenden Adoptivkinder sein.

Wie in den Abschnitten über die kindliche Bindung dargelegt, ist bei einer Adoption (vor allem einer frühzeitigen) die Bindung des Kindes an seine Adoptiveltern von gleicher Art, und sie kann genauso fest sein wie die an leibliche Eltern. Der Säugling ist offen für die individuelle Bindung an seine künftigen Betreuer, seien sie die leiblichen Eltern, Adoptiveltern oder Pflegeeltern. Der Bindungsvorgang ist ein naturhaft-biologisches und zugleich ein zum Wesen des Menschen gehörendes Geschehen. Aus diesem Grunde hat die Beziehung der Adoptiveltern zu ihren Kindern gerade auch in der Sicht der Verhaltensbiologie die gleiche Würde und den gleichen Wert wie die leibliche Elternschaft.

Dieser hohen Einschätzung sollte man auch im Sprachgebrauch Rechnung tragen. So sollten Adoptivkinder wie leibliche Kinder als *eigene* Kinder der Adoptiveltern gelten und auch stets so genannt werden. Sollte es einmal nötig sein, die Beziehung genau zu besprechen, so wird der Unterschied durch das Wortpaar „adoptiert" und „leiblich" ausreichend gekennzeichnet. Im täglichen Umgang aber sollten die Eltern stets von „unserem Kind" sprechen. Alle Begriffe, die einen wertenden oder einen seelischen Aspekt haben, z. B. „eigene", „richtige", „natürliche" Kinder, sollten auf die leiblichen und die adoptierten Kinder in gleicher Weise angewendet werden. Auch sollte ein Adoptivkind, wenn es von seiner Mutter spricht, niemals sagen, sie sei „nur" seine Adoptivmutter.

Natürliche Zwei-Monats-Frist. Die individuelle Bindung des Säuglings an seine Betreuerin beginnt mit dem zweiten oder dritten Lebensmonat. Das Sich-Binden ist ein fließender Prozess. Solange im Normalfall der Bindungsprozess voranschreitet und die Bindung immer fester wird, wird bei fehlendem Bindungspartner die Bindungsfähigkeit des Kindes im Laufe von Monaten schwächer. Doch auch später geknüpfte Bindungen können unter glücklichen Umständen und bei liebevollem Einsatz der Adoptiveltern volle Festigkeit erlangen. Am günstigsten, um Belastungen und seelischen Schäden des Kindes vorzubeugen, ist es, wenn ein zur Adoption freigegebenes Kind möglichst nicht später als im dritten Lebensmonat in seiner Adoptivfamilie aufgenommen wird.

Adoption eines Säuglings. Wenn Ehepaare die Absicht haben, einen Säugling in Adoptionspflege zu nehmen und zu adoptieren, so sollten sie ihn so bald wie möglich nach seiner Geburt zu sich nehmen können. Die Chance, dass sich ein Kind vollständig an seine neuen Eltern bindet und sich ihnen ein Leben lang zugehörig fühlt, ist bei der Übernahme des Kindes in den ersten Lebensmonaten genauso gut wie bei leiblichen Kindern.

Mit den Vorbereitungen zur Adoption kann schon vor der Geburt des Kindes etwa im siebten Schwangerschaftsmonat begonnen werden, und zwar durch ausführliche Beratungsgespräche mit der werdenden Mutter und den Adoptionsbewerbern sowie durch das Beschaffen der Einwilligung des leiblichen Vaters. Für das Kind ist selbstverständlich nicht der juristische Abschluss der Adoption wesentlich, sondern die Aufnahme bei den neuen Eltern. Während der amtlichen Abwicklung sollte das Kind daher schon in der Adoptionspflege in seiner vorgesehenen Familie sein. Der juristische Abschluss der Adoption sollte dann baldmöglichst folgen, um die seelisch belastende Zeit der Unsicherheit für die Mutter und die Adoptiveltern abzukürzen.

Adoptionsrechtliche Fristen. Im Rahmen des Adoptionsrechts spielen – wie in manchen anderen Rechtsgebieten – bestimmte Fristen eine wichtige Rolle. Beispielsweise muss nach dem Gesetz ein bestimmtes Zeitintervall nach der Geburt des Kindes verstrichen sein, bevor seine Eltern bzw. seine Mutter rechtskräftig in seine Adoption einwilligen können. Eine andere Frist wurde festgelegt für den Fall, dass eine Mutter ihr Kind verlässt und ihren Aufenthalt wechselt, ohne eine neue

Anschrift zu hinterlassen; dann steht dem Jugendamt für die Suche nach der Mutter ein bestimmter Zeitraum zu, und weitere Maßnahmen, wie die Ersetzung der Einwilligung zur Adoption, dürfen erst erfolgen, falls die Mutter in dieser Zeit nicht aufzufinden war. Zur Zeit sind diese Fristen so bemessen, dass – bei entsprechendem Einsatz der verantwortlichen amtlichen Instanzen – die Adoptionspflege durch das vorgesehene adoptionswillige Ehepaar rechtzeitig beginnen kann. Dies ist notwendig, weil es sich hier um naturgegebene Fristen handelt, die einzuhalten sind, falls das zu schützende Rechtsgut – die ungefährdete Persönlichkeitsentwicklung des Kindes – nicht durch die Verspätung von erforderlichen hoheitsrechtlichen Maßnahmen preisgegeben werden soll.

In der administrativen Durchführung muss daher jede Adoptionssache, z. B. die Entscheidungsfindung, um die elterliche Einwilligung zu ersetzen, als sofortige Eilbearbeitung gekennzeichnet sein, einschließlich der (im Voraus vorzubereitenden) Amtshilfe durch andere Verwaltungsstellen (z. B. Nachforschungen nach der mit unbekanntem Wohnort verzogenen leiblichen Mutter).

Freigabe zur Adoption – die leibliche Mutter. Wenn die Mutter nach der Geburt ihres Kindes die Pflege nicht übernehmen kann und das Kind daraufhin zur Adoption freigibt, dann sollte diese Entscheidung als pflichtbewusst und verantwortlich zum Wohle des Kindes anerkannt werden, sowohl im privaten Umgang wie in den öffentlichen Medien. Diese Einstellung sollten auch die Adoptiveltern vertreten und sie dem Kind vermitteln. Dazu gehört es auch, niemals abfällig vom „Weggeben" eines Kindes zur Adoption zu sprechen, sondern stets, wie es auch hier geschieht, vom Freigeben.

Die leibliche Mutter kann dann ihr weiteres Leben in dem Bewusstsein gestalten: Ich habe einen großen persönlichen Verzicht zum Wohle des Kindes geleistet. Wenn das Kind später im Erwachsenenalter die leibliche Mutter kennen lernt, kann diese mit gutem Gewissen sagen: „Um dir die Entfaltung deiner Persönlichkeit unter guten Voraussetzungen zu ermöglichen, wie ich sie dir in meiner damaligen schwierigen Lebenslage nicht gewähren konnte, habe ich dir zuliebe dieses Opfer gebracht." Je günstiger es sich erfüllt hat, was die Mutter für das Kind durch die Freigabe zur Adoption möglich machen wollte, desto eher werden Sohn oder Tochter nachträglich eine gute Beziehung zu ihrer leiblichen Mutter aufbauen können – ungetrübt durch den Vorwurf an sie, damals das kleine hilflose Kind verlassen zu haben.

Gibt eine Mutter ihr Kind sofort nach der Geburt zur Adoption frei, ohne es vorher sehen zu wollen, so gehört es zum selbstverständlichen Takt der Klinikleitung, diese Mutter in die Frauenabteilung der Klinik und nicht in ein Zimmer mit Müttern zu legen, die ihre Kinder behalten und pflegen. Dies ansehen zu müssen, ist für eine Mutter eine Qual, die ihr nach dem zum Wohle ihres Kindes gefassten Entschluss unbedingt erspart werden sollte.

Es gibt Menschen, die es für richtig halten, einer zur Freigabe ihres Kindes entschlossenen Mutter ihr Neugeborenes zu zeigen und es ihr zum Stillen zu bringen, um sie auf diese Weise zur Rücknahme ihres Entschlusses zu bewegen. Der gute Wille, der einer solchen Handlung zugrunde liegt, soll zwar nicht bestritten werden; aber der Respekt vor dem Entschluss der Mutter, den sie nach eingehender fachlicher Beratung gefasst hat – mit dem Ziel, ihrem Kind ein familiär gesichertes Aufwachsen zu gewährleisten –, verpflichtet hier zu einer ganz besonders sorgfältigen Einfühlung und Güterabwägung. Ganz anders ist die Sachlage, wenn die freigebende Mutter von sich aus den Wunsch hat, ihr neugeborenes Kind zu sehen. Dieser Wunsch sollte erfüllt werden.

Für eine Mutter ist die Freigabe ihres Kindes zur Adoption ein einschneidender Entschluss. Sie bringt um ihres Kindes Willen ein Opfer. Möglicherweise leidet sie später für lange Zeit oder sogar lebenslang unter diesem Entschluss. Daher ist es wichtig, ihr beizustehen, sei es durch Gespräche im Freundes- oder Familienkreis, sei es durch eine Therapie. Immer wieder ist dabei bewusst zu machen, dass der Entschluss um des Kindes willen gefasst wurde, um ihm zu einer günstigen Lebenssituation zu verhelfen; und darin drückt sich ein hohes Maß an Verantwortungsgefühl dem Kind gegenüber aus.

Adoption älterer Kinder. Leider müssen immer wieder Säuglinge, Kleinkinder und ältere Kinder aus der Familie ihrer leiblichen Eltern herausgenommen werden, weil sie dort vernachlässigt oder gar misshandelt wurden. Manche dieser Kinder werden, nachdem sie einige Zeit im Heim gelebt haben, zur Adoption freigegeben. Adoptiveltern, die solch ein älteres Kind übernehmen wollen, müssen zuvor darüber aufgeklärt werden, welch einer schweren, aber, wenn sie gelingt, umso schöneren Heilungs-Aufgabe für ein Kind sie sich damit verschreiben. Die Kinder haben bittere Erfahrungen und Trennungserlebnisse zu tragen. Vielfach ist therapeutische Hilfe erforderlich, und die neuen Eltern brauchen fachliche Beratung. Nur diejenigen sollten ein älteres Kind bei sich aufnehmen und adoptieren, die genügend Kenntnisse, Geduld und Liebe dazu in sich verspüren. Wenn sie es aber wagen und erfolgreich durchhalten, erfüllen sie eine größere Aufgabe, als sie den meisten Menschen in ihrem ganzen Leben zufällt.

Während der ganzen Kindheit und Jugend von adoptierten älteren Kindern sollten die Adoptiveltern mit fachkundigen Beratern Kontakt halten, damit sie sich auf die möglicherweise zu erwartenden Schwierigkeiten im Voraus einstellen und den Kindern durch angemessene Betreuung darüber hinweghelfen können. Die Adoptionsvermittlungsstellen bieten eine solche Adoptiveltern-Beratung an, und Adoptiveltern-Gruppen können durch gegenseitige Aussprache und Hilfe die aufkommenden Probleme meistern.

Ein Adoptivkind sollte schon als kleines Kind von seinen Adoptiveltern erfahren, dass es adoptiert wurde, dass es eine Mutter hat, in deren Bauch es gewachsen ist und die es geboren hat, und dass es Mutter und Vater hat, mit denen es zusammen wohnt, die mit ihm spielen, es trösten und die es sehr lieb haben. Erfährt ein junger Mensch erst später von seinem Adoptiertsein, so muss es zwar nicht, aber es kann zu einer seelischen Krise kommen. Hier kann man fachlichen Rat von den zuständigen Diensten der Träger der Jugendhilfe erbitten und erhalten.

Falls ein adoptierter junger Mensch Näheres über seine ihm unbekannt gebliebenen leiblichen Eltern erfahren möchte – vom 16. Lebensjahr an ist das möglich –, so kann ihm die Stelle, die die Adoption durchführte, Auskunft geben. Bei dieser Gelegenheit kann es sinnvoll sein, ihm und auch den Adoptiveltern zu erklären, warum die biologisch-genetische Abstammung keineswegs eine Wesensverwandtschaft zwischen den leiblichen Eltern und Kindern bewirken muss. Im Rahmen der aktiven Gestaltung der eigenen Persönlichkeit sind ganz andere Vorgänge wirksam und ausschlaggebend, beispielsweise die Identifikation mit vorbildlichen Menschen oder mit Idealen.

Falls gewünscht, kann auch ein persönliches Treffen mit der leiblichen Mutter oder dem leiblichen Vater angebahnt werden – vorausgesetzt, der betreffende Elternteil erweist sich (auf Anfrage) dazu bereit. Nach einer solchen Begegnung können unter Umständen aufklärende und einfühlsame Gespräche mit den Jugendlichen erforderlich und hilfreich sein.

Kinder bei Pflegeeltern

Die Jugendämter dürfen Kinder, die wegen der Gefahr der Verwahrlosung oder aus anderen Gründen nicht bei ihren Eltern aufwachsen können, in Familienpflege geben. Die Pflegeeltern übernehmen dabei oft eine besonders schwierige, verantwortungsvolle Aufgabe; denn vielfach hatten die Kinder in ihrer Bindungsfähigkeit oder durch die bisherige Erziehung Mangel gelitten. Die Pflegeeltern müssen dann geduldig und liebevoll versuchen, den Kindern Vertrauen einzuflößen, ein inneres Band zwischen ihnen und sich zu knüpfen und eventuelle Verhaltensstörungen zu lindern oder durch Fachkräfte therapieren zu lassen.

Unter Umständen gilt für Pflegeeltern der Auftrag, die in Pflege genommenen Kinder gegebenenfalls in die Herkunftsfamilie zurückzuführen. Dies wirft oft schwierige, zwiespältige Fragen auf: Erhielt die Herkunftsfamilie, die zuvor in der Erziehung versagt hatte, inzwischen eine therapeutische Betreuung oder Hilfe, die sie instand setzt, das ihr zurückgegebene Kind jetzt besser zu betreuen und nicht erneut zu gefährden oder zu schädigen? Hat sich das Kind inzwischen an seine Pflegeeltern gebunden und möchte lieber bei ihnen bleiben? Wäre eine nicht nur mit Bezugspersonenwechsel, sondern auch mit Orts- und Schulwechsel verbundene Rückführung zu verantworten, oder verstößt sie gegen das Kindeswohl? Wie weit ist der Wille des Kindes maßgebend?

Sollen Pflegeeltern innere Bindungen zu ihren Pflegekindern knüpfen oder absichtlich vermeiden? Pflegekinder können in sehr verschiedenen Lebenslagen sein. Werden sie beispielsweise in Pflege genommen, weil ihre Mutter nach einem schweren Unfall einen zwar langen, aber vorübergehenden Krankenhausaufenthalt vor sich hat, so haben die Pflegeeltern *diese* Bindung zu stützen und zu pflegen, und sie sollten dem Kind immer wieder vor Augen führen, dass sie selbst in ihrer Fürsorge und Betreuung nur die Stellvertreter der leiblichen Eltern für das Kind sein wollen und sein dürfen. Dies entspricht dem einen der Konzepte der Familienpflege: Betreuung auf Zeit.

Wenn aber ein Pflegekind leibliche Eltern hat, von denen es selten oder niemals besucht oder abgeholt wird und zu denen keine Bindung besteht und wenn diesem Pflegekind darum kein Mensch auf dieser Welt näher steht als die Pflegeeltern, dann würde man einem solchen Kind durch absichtliches Vermeiden einer liebevollen Eltern-Kind-Bindung einen inneren Halt verweigern, der für die Entwicklung einer in sich ruhenden Persönlichkeit unentbehrlich ist. Kinder, die noch nicht durch schwierige, schmerzhafte Erlebnisse innerlich abgestumpft sind, spüren, auch wenn man es vor ihnen zu verbergen versucht, woran sie bei ihren Betreuern sind. Erst die volle intensive Übernahme der Elternschaft durch die Pflegeeltern gibt dem Kind dann die so lebens- und entwicklungsnotwendige Empfindung, ein geliebtes, geschätztes und geachtetes Familienmitglied zu sein und ganz zur Familie zu gehören. Nichts ist für die Selbstfindung eines Kindes schlimmer, als nur auf Abruf angenommen zu sein und in dem Gefühl zu leben, die Erwachsenen würden sich unter Umständen von ihm trennen und nicht für ein Beieinanderbleiben und damit für das Erhaltenbleiben der gewachsenen Bindungen kämpfen.

Hier widerspräche es also dem Kindeswohl, die Familienpflege nur als eine Institution auf Zeit aufzufassen; man spricht dementsprechend von *Dauerpflegestellen*. Manche Dauerpflegeeltern würden ihr Pflegekind gern adoptieren, müssen jedoch aus triftigen Gründen darauf verzichten, oder aber die leiblichen Eltern verweigern die Einwilligung.

Besondere Erziehungsaufgaben. Gegenüber Pflegeeltern, die ein zuvor vernachlässigtes oder gar misshandeltes Familienkind oder ein älteres Heimkind aufzunehmen bereit sind, haben die Jugendämter eine besondere Aufgabe: die vorherige Information über die möglichen Schwierigkeiten des Kindes sowie Beratungen, durch welche Art der Betreuung und Erziehung die Pflegeeltern dem Kinde beim Überwinden seiner Antriebsspannungen helfen können. Beispielsweise sollten die Pflegeeltern im Voraus darüber orientiert werden, dass Bettnässen und Stereotypien, also das dauernde Wiederholen immer derselben Bewegung oder Worte, keine Unarten, sondern Erkrankungen der kindlichen Verhaltenssteuerung sind. Wurde ein Kind in früher Entwicklungsepoche immer wieder geängstigt, beunruhigt oder allein gelassen, so schieben sich notgedrungen noch lange Zeit immer wieder die alten beunruhigenden Affektwallungen in den Vordergrund, selbst dann, wenn die Gegenwart inzwischen heiter, wohlwollend und freundlich geworden ist. Das Lebensgefühl eines in den frühen Entwicklungsphasen nachhaltig geängstigten Kindes bleibt lange und hartnäckig getönt von allgemeiner Ängstlichkeit und Unruhe. Den Pflegeeltern sollte therapeutische Hilfe für ein seelisch belastetes Kind angeboten werden, aber auch Mitgefühl, Trost, Anerkennung und Lob.

Gesetzlicher Schutz für Dauerpflegeverhältnisse. Manchen Kindern in Pflegefamilien und damit deren Pflegeeltern droht eine Gefahr: dass leibliche Eltern ihre Kinder, die in einer Pflegefamilie fest verwurzelt sind, dort herauslösen und zu sich nehmen wollen. Früher konnten sich weder die Pflegeeltern im Namen des Kindes noch das Kind selbst zum Schutze der gewachsenen Bindung gegen die Herausnahme wehren. Der

Schutz des Pflegekindes in der gewachsenen Bindung ist jedoch seit 1980 im Bürgerlichen Gesetzbuch verankert, seit 1998 in folgender Formulierung:

„§ 1632 (4). Lebt das Kind seit längerer Zeit in Familienpflege und wollen die Eltern das Kind von der Pflegeperson wegnehmen, so kann das Familiengericht von Amts wegen oder auf Antrag der Pflegeperson anordnen, dass das Kind bei der Pflegeperson verbleibt, wenn und solange das Kindeswohl durch die Wegnahme gefährdet würde."

Unterbringung in einem Heim

Weil das Adoptivwesen verbessert wurde, die Pflegefamilie wirksamer gesetzlich geschützt ist und weil allein erziehenden Müttern die Pflege ihres Säuglings und Kleinkindes durch den dreijährigen Erziehungsurlaub mit Weiterbeschäftigungsgarantie, Erziehungsgeld und Kindergeld sowie durch den gesetzlichen Anspruch auf einen Kindergartenplatz erleichtert wird, ist die Anzahl der Heimplätze für gesunde Kinder in den letzten Jahren weiter gesunken. Dagegen erfüllen heilpädagogische Einrichtungen für körperlich oder geistig schwer behinderte und für schwer verhaltensauffällige Kinder Daueraufgaben, die manch eine Familie nicht erfüllen kann.

Säuglings- und Kleinkindheime mit Altersklassenstruktur, wie sie noch vor etwa 50 Jahren üblich waren, werden hoffentlich bald – wie bereits in der Bundesrepublik geschehen – auch in anderen Ländern der Vergangenheit angehören. Jedenfalls ist die Einführung der Familienstruktur in Heimen voll in Gang gekommen. Im Folgenden werden Voraussetzungen dafür genannt, die verhindern, dass die Umweltbedingungen für Heimkinder (wie früher) bedeutend schlechter sind als für Familienkinder. Keine dieser Voraussetzungen ist übertrieben oder unwichtig. Der folgende Überblick macht auch deutlich, was alles von Eltern (und Pflegeeltern) „wie selbstverständlich" aus Liebe und für die Zukunft ihrer Kinder geleistet wird und dass wirklich allein die Familienstruktur der Heime mit möglichst die ganze Kindheit über erhalten bleibenden Hauptbezugspersonen die Grundlage für eine seelisch-geistige Entwicklung gewährleistet, die den Bedingungen in der Familie entspricht.

Die Forderungen zur Betreuung und Erziehung, die sowohl verhaltensbiologisch wie sozialethisch begründet sind, lauten:
- Bewahrung der Kinder vor dem Verlust ihrer Bezugspersonen; Kontinuität der Beziehungen der Kinder zu ihren Betreuern über die gesamte Kindheit hinweg.
- Erhaltenbleiben des heimatlichen Zimmers und Hauses mindestens in den ersten drei Lebensjahren, möglichst aber über das dritte Lebensjahr hinaus bis ins Schulalter hinein. Kein Heimwechsel und kein Wechseln von Kindern von Gruppe zu Gruppe lediglich aus organisatorischen Gründen, z. B. zum Auffüllen einer anderen Gruppe.
- Höchstens vier Kinder gehören zu einer Betreuerin. Sie schlafen und wohnen in einem Zimmer, so dass sich Gruppen-Zusammengehörigkeit ausbilden kann und das Kind nicht den ganzen Tag einem Massenbetrieb ausgesetzt ist.
- Zusammensetzung der zu je einer Hauptbetreuerin gehörenden Kleinstgruppen nicht aus Gleichaltrigen, sondern aus Kindern verschiedenen Alters.
- Füttern der Säuglinge nicht mit dem Flaschenhalter oder auf dem Kissen, sondern im Arm gehalten von der Pflegerin mit Blickkontakt und mit genügend Zeit zum Ansprechen, Scherzen und Liebkosen.
- Für die Kleinkinder viele Anregungen zum Spielen, Singen von Kinderliedern, Märchenerzählen; auffor-

dernde Umweltreize durch die Pflegerinnen, viel Sprechen mit dem einzelnen Kind, z. B. beim Anschauen von Bilderbüchern.
- Eigenes Spielzeug und eigene Kleidung, ferner ein kleines eigenes „Revier" für jedes Kind, das von den anderen Kindern geachtet wird; Möglichkeit zum ungestörten Allein-Spielen, z. B. zur Konstruktion eines Turmes, einer Brücke aus Klötzen, und zwar, wo das Werk des Kindes auch einige Zeit stehen bleiben kann, ohne dass es immer wieder weggeräumt werden muss.
- Mithelfen bei Verrichtungen der Erwachsenen (z. B. beim Bereiten kleiner Mahlzeiten, Einkaufen, Pflege und Verschönerung der Wohnung).
- Mehrere Gruppen können sich gelegentlich in einem größeren Raum zum gemeinsamen Singen, Vorlesen, Kasperlespiel und Turnen treffen. Einzelspiel, Spiel in der kleinen und größeren Gruppe können so miteinander abwechseln.
- Feiern vieler Feste, sowohl von Jahresfesten als auch von Geburtstagen oder Namenstagen, in verschiedenem Rahmen mit sorgfältiger Vorbereitung, z. B. Basteln von Geschenken. Fotografieren der Kinder auf den Festen, damit sie später wie Familienkinder Aufnahmen aus ihrer Kindheit besitzen.
- Besuche von Kindern, die in eine Pflege- oder Adoptivfamilie übergewechselt sind, in ihrem alten Heim, falls sie dies wünschen, beispielsweise anlässlich von Festen, und zwar damit für alle beteiligten Kinder der Schock von totalen Beziehungsabbrüchen ohne Wiedersehen vermieden wird.
- Zahlreiche gemeinsame Unternehmungen und Erlebnisse der Familiengruppe, z. B. Besuch im Zoo, auf geeigneten Sport- und Dorffesten usw. Kennenlernen von Pflanzen, Tieren, Steinen, Sternenhimmel in freier Natur.

- Erlernen und Ausüben möglichst vieler Sportarten im passenden Alter zur passenden Jahreszeit, wie Schwimmen, Rodeln, Ski- und Schlittschuhlaufen, Dreirad- und Zweiradfahren, Seilspringen, Stelzenlaufen, Drachensteigen-Lassen usw.
- Handwerkliche und technische Freizeitangebote unter Anleitung von Fachleuten.
- künstlerische Betätigung wie Zeichnen, Malen, Modellieren, Musizieren, Chorgesang, Laienspiel.
- Lernen und Spielen unterschiedlicher Gesellschaftsspiele.
- Kraft- und Zeitreserven der BetreuerInnen für das individuelle Betreuen einzelner Kinder im Fall von Krankheiten und seelischen Krisen.

Heime mit familienähnlicher Struktur können sich auch für solche Kinder bewähren, die in ihren Familien aufgrund von mangelnder Fürsorge oder Erziehungsfehlern in Fehlhaltungen geraten sind und Verhaltensstörungen entwickelt haben. Eine günstige Organisationsform für solche Heime ist die Gliederung in einen Zentralbereich und eine größere Anzahl von Außenwohngruppen, wie dies bereits vielerorts verwirklicht ist, z. B. in der „Sophienpflege" in Tübingen-Pfrondorf.

Ganztägige Tagespflege, Tagesmütter

Sind beide Eltern eines kleinen Kindes ganztägig außerhäuslich berufstätig und lassen ihr Kind an den Wochentagen tagsüber von einer Pflegemutter („Tagesmutter") in deren Privatwohnung betreuen, so gilt für ihr in Tagespflege befindliches Kind Folgendes: Es ist acht oder mehr Stunden des Tages bei einer Frau, die nicht seine Mutter ist, erhält von ihr alle mütterliche Fürsorge und könnte sich an sie womöglich fester binden als an die Eltern; denn es ist für den Säugling nicht festgelegt, dass er sich an seine leiblichen Eltern bindet. Er schließt sich vornehmlich an diejenige Person an, die ihn hauptsächlich betreut.

Das durch ganztägige Tagespflege betreute kleine Kind erlebt seine außerhäuslich berufstätigen Eltern nicht nur kürzere Zeit als seine Tagesmutter, sondern vielfach auch in einer ganz anderen inneren Ausrichtung: morgens zumeist eilig bestrebt, die Zeit einzuhalten, um das Kind bei der Tagesmutter abzugeben und rechtzeitig zur Arbeit zu kommen; abends abgespannt von Ausbildungs- oder Berufstätigkeit, dazu mit Haushaltspflichten, auch Einkäufen, belastet. Zudem sind kleine Kinder bekanntlich in den Abendstunden vielfach müde, quengelig und wenig kontaktbereit. So ist die Möglichkeit nicht zu leugnen, dass sich das Kind stärker an die Tagesmutter als an die Eltern bindet und dass darum die Tagesmutter zur faktischen Mutter für das Tageskind wird; diese Tendenz ist sogar umso stärker ausgeprägt, je mehr die Tagesmutter ihrem Auftrag gerecht wird, mütterlich und anregend für das Kind zu sein und seine Entwicklung zu fördern.

Wenn aber die Tagesmutter für einen Säugling oder ein Kleinkind zur entscheidenden oder auch nur zu einer wichtigen Bezugsperson geworden ist, dann ist es für seine Entwicklung von größter Bedeutung, dass diese Bindung auch auf die Dauer erhalten bleibt. Soll die Kontinuität der Betreuung gewährleistet sein, dann muss jedoch eine Anzahl von Voraussetzungen zusammentreffen, z. B. Übereinstimmung in Erziehungsmethoden und -zielen sowie gutes Einvernehmen und Vertrauen zwischen Eltern und Tagesmutter; persönliche Eignung und inneres Engagement der Tagesmutter (sie sollte ihre Aufgabe nicht bloß als „Job" ansehen); langjähriges Erhaltenbleiben der Tagesmutter für das Kind (also kein Wegzug, kein Berufswechsel, kein Abbrechen der Pflegemuttertätigkeit aus persönlichen Gründen). Solche günstigen Bedingungen kommen durchaus vor; aber man kann sie keinesfalls als Regel voraussetzen.

Wenn sich aber die obigen Bedingungen nicht aufgrund der Wesensart und der Lebenssituation der Beteiligten von selbst ergeben, so sind sie durch guten Willen oder durch organisatorische Maßnahmen kaum herbeizuführen. Je mehr von den oben genannten Voraussetzungen wegfallen, desto eher droht dem Kind der Abbruch des Pflegeverhältnisses (oder gar mehrmaliger Abbruch, falls sich auch das nächste und weitere Pflegeverhältnisse nicht aufrechterhalten lassen). Diese Gefahr liegt im System der Fremdbetreuung begründet: Es handelt sich um ein Arbeitsverhältnis, das von beiden Seiten aufgekündigt werden kann. Es trägt für das Kind also das Risiko des Abbruchs der Beziehung in sich.

Doch ergeben sich beim Tagespflege-(Tagesmutter-) System noch weitere, nicht ganz unproblematische Konsequenzen für die Kinder:
- falls Tagesmutter und Eltern unterschiedlichen Betreuungs- und Erziehungsauffassungen und Erziehungsmethoden folgen und damit die Orientierung des Kindes erschweren;
- falls die Tagesmutter die schwierigen Probleme nicht meistert, die vielfach durch das Nebeneinander eigener und fremder Kinder auftreten; dann kann bei den eigenen Kindern das Gefühl entstehen, gegenüber den anderen zurückgesetzt zu werden und zu kurz zu kommen; auch das umgekehrte ist möglich;
- falls sensible Kinder die tägliche Unruhe, das frühe Herausgerissenwerden aus dem Schlaf, den täglichen Wechsel von Bezugspersonen und Lebensumgebung zugleich nicht vertragen (vielleicht wegen eines unerkannten Risikos, das sich unter normalen Umständen gar nicht offenbart hätte oder dessen Symptome sich bei einer Pflege ohne Belastungen wieder verloren hätten);

- falls die Tagesmutter erkrankt oder ein Kind schwer erkrankt, ohne dass die Mutter wegen ihrer ganztägigen Berufstätigkeit das Kind übernehmen kann, so dass das Kind nun von einer dritten Person weiterbetreut werden muss;
- falls sich die Eltern innerlich aus der Erziehungsaufgabe zu weit zurückziehen, weil sie in der Tagesmutter die besser ausgebildete, womöglich einer anderen Bevölkerungsgruppe angehörende Fachkraft sehen, die ihnen in der Kinderbetreuung haushoch überlegen scheint, worunter ihr Selbstwertgefühl leidet.

Alle diese problematischen Situationen brauchen nicht einzutreten. Sie liegen aber doch so nahe, dass man sie zumindest gedanklich in Betracht ziehen sollte; und wenn sie eintreten, dann bilden sie reale Belastungen für das Pflegekind und gefährden das Entstehen einer tragfähigen Bindung des Pflegekindes an seine leiblichen Eltern.

Das heute allgemein verbreitete Tagesmütterprojekt, 1974 von der Bundesregierung eingeführt und vom Deutschen Jugendinstitut in München wissenschaftlich begleitet, suchte das Interesse von Eltern an ganztägiger außerhäuslicher Erwerbstätigkeit mit den Bedürfnissen des Säuglings und Kleinkindes nach individueller Betreuung in Einklang zu bringen. Die Mitarbeiterinnen dieses Projekts hatten neben ihrer Beobachtungstätigkeit viel Zeit für die Beratung der Mütter und Tagesmütter aufzuwenden, um die Pflegeverhältnisse vor einem Abbruch zu bewahren und die Kontinuität der Betreuung der Kinder zu erhalten. Zahlreiche Beobachtungen wurden veröffentlicht. Unter diesen ist folgende in unserem Zusammenhang besonders bedeutsam: Kinder, die im ersten Lebensjahr von ihrer Mutter betreut wurden und im zweiten Lebensjahr in Tagespflege kamen, reagierten mit Verhaltensstörungen, die noch zwei Jahre später zu bemerken waren. Dies ist Ausdruck einer auch sonst bekannten Erfahrung: In der zweiten Hälfte des ersten und im zweiten Lebensjahr haben Kleinkinder noch keine Zeitvorstellung. Sie haben kein Gefühl dafür, wann (und ob überhaupt) die Mutter wiederkommt, um sie abzuholen, und reagieren besonders empfindlich auf Trennungen. In dieser Lebensepoche festigen sich die Bindungen der Kinder an ihre Eltern; wird dieser Prozess durch das Abgeben in Fremdbetreuung mit Bezugspersonenwechsel und -verlust beeinträchtigt, so können die Störungen besonders tief wurzeln. Ein ein- bis zweijähriges Kind ganztägig in Tagespflege zu geben, ist daher nicht anzuraten.

Schlussbemerkung: Wo Säuglings- und Kleinkindmütter aus wirtschaftlichen Gründen zur außerhäuslichen Berufstätigkeit gezwungen sind, sollte man staatliche Gelder nicht zur Fremdbetreuung ihrer Kinder aufwenden; man sollte vielmehr solche Mütter, die ihre Kinder gerne selbst betreuen möchten und dies auch können oder lernen können, mit Hilfe dieser Gelder halb- oder ganztägig von der außerhäuslichen Berufstätigkeit befreien und so die Eltern-Kind-Bindung stärken, anstatt sie aufs Spiel zu setzen.

Betreuung in Krippen, Krabbelstuben

Krippen sind von freien Trägern mit staatlicher Unterstützung eingerichtete und unterhalten Institutionen für die Betreuung von Säuglingen und von Kleinkindern unter drei Jahren. Krabbelstuben, Kindertagesstätten und ähnliche Institutionen für die Betreuung von Kleinkindern im zweiten und dritten Lebensjahr gehen zum Teil auf Eltern-Initiativen zurück und erhalten vielfach staatliche Zuschüsse; die Eltern sind stärker als bei Krippen an der praktischen und pädagogischen Betreuung der Kinder beteiligt.

Bei allen diesen Institutionen besteht in unserer Gesellschaft derzeit das Risiko einer zu geringen oder sogar viel zu geringen Anzahl von Erzieherinnen; d. h. zu viele Säuglinge bzw. Kleinkinder bilden eine Gruppe: Das individuelle Reagieren und Eingehen auf Initiativen des Kindes, das im Säuglings- und Kleinkindalter entscheidend entwicklungsfördernd ist, findet daher in solchen Institutionen viel zu selten statt. Nach den (von Bundesland zu Bundesland unterschiedlichen) Rahmenrichtlinien liegt der Personen-Schlüssel (Verhältnis von Erzieherinnen zu Kindern) zwischen 2:8 und 2:15! Als Richtzahl für eine ausreichend kindgemäße ganztägige Krippenbetreuung halten wir dagegen für angemessen: zwei Betreuerinnen für vier Kinder.

Wie weit die Bedürfnisse der Kinder der jeweiligen Altersstufe in Krippen und Krabbelstuben erfüllt werden können, hängt u. a. von folgenden Bedingungen ab:
– Größe und Altersstruktur der Kindergruppen;
– pädagogische Grundsätze (Konzeption);
– Anzahl und Qualifikation der Betreuerinnen;
– Verweildauer des Kindes pro Tag;
– Raum- und Spielangebot;
– Häufigkeit des Bezugspersonenwechsels für die Kinder (nach Dienstplan und durch Fluktuation, Urlaub oder Krankheit der Betreuerinnen);
– Zusammenarbeit der Fachkräfte untereinander und mit den Eltern.

Für jedes einzelne Kind kommt es ferner auf die Wesensart und auf das Engagement seiner Eltern in der gemeinsamen Zeit sowie auf seine eigene Persönlichkeitsstruktur an. Insgesamt lässt sich jedoch festhalten: Je ungünstiger die aufgezählten Bedingungen ausfallen, desto enger sind die Leistungen dieser Institutionen lediglich auf die Ernährung und Pflege der Kinder beschränkt und desto ärmer ist die Umwelt der Kinder an entwicklungsfördernder individueller Ansprache.

Woran erkennt man, dass sich ein kleines Kind in der Krippe oder Krabbelstube nicht wohl fühlt? Das Kind offenbart es selbst, und zwar durch sein Verhalten. Wenn es sich nach der unbedingt erforderlichen, etwa vierwöchigen Eingewöhnungszeit, die es noch mit der Mutter zusammen in der neuen Umgebung verbracht hat, nunmehr dort auch ohne anwesende Mutter genügend heimisch fühlt, dann zeigt sich das auf folgende Weise:
- Das Kind weint nicht mehr, wenn die Mutter, die es hergebracht hat, sich zum Fortgehen anschickt und nachdem sie Abschied genommen hat;
- Es klammert sich nicht weinend an die Betreuerin, sondern lässt sich sofort von ihr trösten;
- Es geht gern und freiwillig in die Krippe, zur Krabbelstube etc.;
- Es zeigt wenig „Abseitsverhalten", d. h. es steht selten unbeschäftigt herum, wandert selten ziellos umher;
- Es lutscht wenig am Daumen, am Schnuller oder an einer Flasche und zeigt wenig rhythmische freudlose Bewegungen, Zupfen an Haaren oder Kleidungsstücken („Stereotypien");
- Es spielt konzentriert;
- Es spielt parallel zu Kindern oder kooperiert mit ihnen und zeigt weniger Aggression als anderes Sozialverhalten;
- Es lässt sich, falls es in eine streitige Auseinandersetzung mit einem oder mehreren Kindern geraten ist, von der Betreuerin leicht und schnell beruhigen und wieder friedlich stimmen;
- Es spricht spontan die Betreuerin in Erwartung einer Antwort oder einer freundlichen Interaktion an;
- Es sucht Trost bei der Betreuerin;
- Es freut sich und lacht oft und weint selten;
- Es besitzt eine altersgemäße Frustrationstoleranz und kann warten.

Sollte das Kind nach der anfänglichen Eingewöhnungsphase einige dieser Kriterien nicht erfüllen, so bedeutet dies, dass es sich nicht wohlfühlt. Weint das Kind z. B. viel, klammert es sich an die Betreuerin, so ist dies ein Warnzeichen, nicht nur für Eltern, sondern auch für die Erzieher. Die Eltern sollten ernsthaft erwägen, das Kind allein weiter zu betreuen, damit ihr Kind die entstandenen Folgen der erlebten Belastung überwinden kann.

Es ist aus verhaltensbiologischer Sicht ungünstig, wenn das Kind im Alter von etwa einem Jahr aus der elterlichen Pflege in die Krippe oder Krabbelstube übergeht, weil das mitten in der kritischen Zeit seiner Bindungsphase geschieht. Die Fortentwicklung und Festigung der Bindung an seine Eltern wird gestört. Das plötzliche Hereinbrechen der langen täglichen Trennungszeit, das Wahrnehmen von vielen neuen Gesichtern – Pflegerinnen und anderen Kindern – in einer Entwicklungsphase, in der sich das Kind gerade in seiner häuslichen und familiären Umgebung einigermaßen orientiert hat, kann die Kinder tief verstören. Deswegen gelten hier dieselben Empfehlungen wie beim Projekt Tagesmütter: Übergang in Fremdbetreuung möglichst erst nach zwei Lebensjahren, und auch dann höchstens halbtägig und nur unter günstigen Betreuungsbedingungen.

Besuch des Kindergartens

Vom vierten Lebensjahr an können Kindergärten das Angebot an Spielgefährten, Spielgelegenheiten, Erlebnissen, Erfahrungen und erwachsenen Gesprächspartnern erweitern. Die Leistungen und Hilfen, die die Kindergärten den Kindern hierdurch bieten können, sind hoch zu veranschlagen. Leider verkehrt sich der Gewinn in Schaden, wenn eine in nüchternen Zahlen anzugebende Voraussetzung fehlt: wenn zu wenige Erzieherinnen eingestellt werden und darum jede einzelne von ihnen zu viele Kinder betreuen muss. Die Grenze ist dann erreicht, wenn das einzelne Kind zu wenig persönlich angesprochen wird und stattdessen entweder der Druck zu gruppenkonformem Verhalten, d. h. die Disziplin, zu sehr überwiegt oder die Erzieherinnen die Übersicht verlieren und sich Zank und Streit ausbreiten, wobei sich die stärkeren Kinder durchsetzen und die schwächeren ängstigen und „an die Wand drücken". Auch ist der Lärmpegel und damit ein Stressfaktor für Kinder und Erzieherinnen umso höher, je mehr Kinder in einer Gruppe zusammen sind. All diese Nachteile verschärfen sich für solche Kinder, die nicht nur halb-, sondern ganztägig den Kindergarten (Ganztagskindergarten) besuchen müssen. Die kritische Gruppengröße, bei der die Erzieherinnen noch genügend Zeit haben, um auf das einzelne Kind einzugehen, ist je nach der Ausbildung und Erfahrung etwas verschieden, liegt aber durchschnittlich bei etwa acht Kindern; bei zehn Kindern ist sie meistens eindeutig überschritten. Man kann Eltern, die ihren Kindern nützen und nicht schaden wollen, nur abraten, sie in Kindergärten zu schicken, in denen die Kinder nicht individuell gefördert werden und stattdessen in einem Massenbetrieb sind. Die Eltern sollten bei Politikern und den Trägern der Kindergärten mit allem Nachdruck darum kämpfen, dass genug Erzieherinnen eingestellt werden. Das Kindeswohl erfordert es, eine breite Öffentlichkeit für die Bedürfnisse der Kinder zu sensibilisieren.

Die Spielgruppen in Kindergärten sollten so klein sein, dass die Erzieherin genug Zeit hat, außer der Gruppenarbeit jedes Kind individuell kennen zu lernen und zu betreuen. Besondere Vorsicht ist bei Einzelkindern oder bei schüchternen Kindern geboten, die man durch den Besuch des Kindergartens an die Gemeinschaft gewöhnen möchte. Für sie kann die Forderung, sich an die

Masse in einem Kindergarten mit zu großen Gruppen anzupassen, wie ein Schock wirken. Sie reagieren möglicherweise mit Angst, Bauchschmerzen und Erbrechen, wenn sie morgens in den Kindergarten gehen sollen. Es ist nicht ratsam, die Sozialisierung des Kleinkindes gegen dessen Willen mit einem derartigen „Sprung ins kalte Wasser" zwangsweise zu vollziehen. Oft gelingt ein Jahr später die Eingliederung des Kindes leichter.

Kindergärten werden ihrem eigentlichen Zweck auch nicht gerecht, wenn ihre Aufgabe hauptsächlich in einem vorschulartigen Training des Verstandes gesehen wird anstatt in dem Angebot an die Kinder, den fröhlichen Kontakt mit anderen Kindern zu genießen, zu spielen, zu singen, zu malen, zu basteln, ihren Erfahrungsbereich zu erweitern und ihre Entwicklung zur Selbständigkeit zu fördern. Ein wichtiges, unabdingbares Prinzip für Kindergärten, das zugleich für alle drei bis sechs Jahre alten Kinder gilt, lautet: Freiheit von festgelegten Leistungsnormen; Spielatmosphäre und ausgelassene Heiterkeit sollten dominieren.

Erkennen von Verhaltensschwierigkeiten. Von den Kindergärten kann eine wertvolle Hilfe ausgehen, wenn die Erzieherinnen etwaige Verhaltensschwierigkeiten von Kindern erkennen, die von den Eltern übersehen wurden (z. B. Störungen der Feinmotorik), und daraufhin früh genug fachliche Hilfe eingeleitet wird. Im Fall von Sprachstörungen können die Kinder rechtzeitig vor der Einschulung einer logopädischen Heilbehandlung zugeführt werden.

Öffnungszeiten. Die Öffnungszeiten von Kindergärten im Laufe der Woche sollten um der Kinder willen der Berufstätigkeit der Mütter angepasst werden. Bei unvermeidbar sehr frühem Arbeitsbeginn der Mutter muss der Kindergarten so früh offen sein, dass die Mutter ihr Kind dorthin begleiten bzw. bringen kann. Wird auch dies noch von einer anderen, nicht zur Familie gehörenden Person besorgt, so ist die Unruhe des Tageslaufs für das Kind noch größer.

Betriebliche Kindergärten. Ist die Mutter eines Kleinkindes im Alter von drei bis sechs Jahren zu ganztägiger Berufsarbeit gezwungen, so gehört zu den bindungserhaltenden und damit den Familien zugute kommenden Maßnahmen – wo es möglich ist – auch die Einrichtung von betrieblichen Kindergärten am Arbeitsplatz und die Organisation der Arbeit der Mütter derart, dass sie in Arbeitspausen, z. B. mittags, ihr Kind besuchen können. Die Kinder leben dann nicht ganztägig innerlich getrennt von der Mutter. Auch besteht Gelegenheit zu pädagogischen Gesprächen mit der Erzieherin, und die Mütter erhalten Einblick in die Kindergartenarbeit und den Tagesablauf ihres Kindes. Sie können mit Interesse und Lob an den Aktivitäten ihrer Kinder Anteil nehmen. Der für Mutter und Kind gemeinschaftliche Weg spart beiden nicht nur Zeit, sondern ist ein Beitrag zur Gemeinsamkeit. Für die Anpassung der Öffnungszeiten des Kindergartens an die Arbeitszeit der Mütter sorgt der Betrieb.

Schließlich muss die gesellschaftliche Wertschätzung derjenigen, die im Kindergarten tätig sind, entsprechend der Bedeutung dieses Lebensbereiches zunehmen. Die Einflüsse auf ein Kind im Kindergartenalter sind weitreichend. Das Sozialprestige von Erzieherinnen entspricht der Bedeutung ihrer Aufgabe aber immer noch keineswegs. Das macht sich besonders ungünstig bemerkbar, wenn es um die Beratung der Politiker und der Verwaltung hinsichtlich der Gestaltung der Kindergärten geht: Man befragt gewöhnlich beinahe ausschließlich Professoren, aber nicht die im Kindergarten tätigen Fachkräfte, die über die praktische Erfahrung verfügen. Die am grünen Tisch getroffenen Entscheidungen gehen daher oft an den unmittelbaren Notwendigkeiten vorbei. Hier sollte Abhilfe geschaffen werden.

5. Rechtliche Aspekte zum Schutz des Kindes

Sorgerecht und gewachsene kindliche Bindungen

Durchmustert man das heutige Kindschaftsrecht (in seiner seit dem 1.7.1998 gültigen Fassung) auf die wichtigsten Bezugnahmen zum Kindeswohl, so findet man als übergeordneten Anspruch des Kindes (im Kinder- und Jugendhilfegesetz KJHG § 1) die „Förderung seiner Entwicklung und Erziehung zu einer eigenverantwortlichen und gemeinschaftsfähigen Persönlichkeit"; und das BGB fügt die Aufforderung hinzu, „die wachsende Fähigkeit und das wachsende Bedürfnis des Kindes zu selbstständigem und verantwortungsbewusstem Handeln" zu berücksichtigen (§ 1626,2). Weiterhin gehört zum Wohl des Kindes nach diesem selben Gesetz sein Umgang – und damit das Erhaltenbleiben seiner menschlichen Bindungen – in der Regel mit beiden Eltern (§ 1626), aber ausdrücklich auch mit Großeltern, Geschwistern und mit Personen, bei denen das Kind für längere Zeit in Familienpflege war (§ 1685,1,2). In dem Ausnahmefall allerdings, wenn der Umgang mit einer der genannten Personen das Wohl des Kindes gefährdet, kann der diesbezügliche Umgang durch Entscheidung des Familiengerichtes eingeschränkt oder ausgeschlossen werden (§ 1684,4). Das Kindeswohl, wie es eingangs als übergeordneter Anspruch des Kindes formuliert wurde, bleibt also, falls das Umgangsrecht eines Erwachsenen ihm widerspricht, der entscheidende Gesichtspunkt.

Elterliche Sorge. Das heute gültige Kindschaftsrecht belässt nach einer Ehescheidung beiden Eltern das Sorgerecht für ihre gemeinsamen Kinder. So haben die Kinder in der Regel die Möglichkeit, von beiden Eltern weiterhin betreut zu werden, so dass die bestehenden menschlichen Bindungen erhalten bleiben. Voraussetzung ist, dass beide Elternteile gewillt sind, weiterhin die gemeinsame Verantwortung für ihr Kind und sein Wohl *im Einvernehmen* zu tragen. Sollte jedoch ein Einvernehmen trotz Beratung nicht zu erzielen sein oder sprechen andere Gründe dafür, dass dem Wohl des Kindes besser durch die *Alleinsorge* eines Elternteils gedient ist, so kann auf Antrag eines Elternteils eine gerichtliche Entscheidung in diesem Sinne herbeigeführt werden (§ 1671).

Sind die Eltern eines Kindes nicht verheiratet, so hat die Mutter die alleinige elterliche Sorge (BGB 1626a,2). Der Vater kann daran gegen den Willen der Mutter nichts ändern; dies würde ja auch von vorneherein die Gefahr für Konflikte in sich bergen, die zu Lasten des Kindes ausgetragen würden. Doch können die Eltern nach dem neuen Kindschaftsrecht durch eine gemeinsame öffentlich beurkundete Erklärung die gemeinsame elterliche Sorge erlangen (§ 1626a,1). Dies soll nach dem Willen des Gesetzgebers für das Kind die Möglichkeit verbessern, von beiden Elternteilen verantwortlich betreut zu werden, so dass auch Kind und Vater sich gut kennen lernen und aneinander binden können. Da es jedoch nach einer kürzeren Partnerbeziehung (oder gar nach einer Krisensituation) nicht im Voraus gesichert ist, ob es zwischen den Eltern zu einer einvernehmlichen Sorge für das Kind und zu gutem familiären Zusammenwirken kommen wird, ist zu bedenken – und darüber in den Beratungsstellen und Diensten der Träger der Jugendhilfe nachzufragen –, ob eine solche gemeinsame Sorgeerklärung nicht vielleicht erst später abgegeben werden sollte, und zwar nachdem sich die elterliche Kooperation wirklich eingespielt und bewährt hat. Zwar kann eine bestehende gemeinsame elterliche Sorge nachträglich wieder aufgehoben werden, doch bedarf es dazu nicht nur einer einfachen Erklärung, sondern eines Gerichtsverfahrens (§ 1671).

Für das Erleben eines jungen Kindes ist es allemal ohne Belang, ob die Eltern die Rechtsposition der gemeinsamen Sorge haben. Für das Kind ist es entscheidend, dass die Eltern harmonisch in der Betreuung und Erziehung zu seinem Wohl zusammenarbeiten. Wichtig ist ihr Verhalten, nicht ihre Rechtsposition.

Die Bedeutung, die der Gesetzgeber der gemeinsamen elterlichen Sorge und auch der Durchführung des Umgangs beimisst, entspricht nur dann dem Kindeswohl, wenn dabei gutes elterliches Zusammenwirken gewährleistet ist. Dies wird im BGB durch § 1626,2 und § 1684,2 angemahnt: „Die Eltern haben die elterliche Sorge in eigener Verantwortung und im gegenseitigen Einvernehmen zum Wohle des Kindes auszuüben. Bei Meinungsverschiedenheiten müssen sie versuchen, sich zu einigen." Und: „Die Eltern haben alles zu unterlassen, was das Verhältnis des Kindes zum jeweils anderen Elternteil beeinträchtigt oder die Erziehung erschwert." Im Streitfall ist jedoch genau abzuklären, wieweit Forderungen des *Sollens* dem *Können* der Eltern entspricht und ob bei schwierigen Problemlagen die Alleinsorge bzw. eine Beschränkung oder Aussetzung des Umgangs dem Wohle des Kindes besser dient.

In allen Altersstufen des Menschen, ganz besonders in der Kindheit, spielt das Erhaltenbleiben von gewachsenen Bindungen eine entscheidende Rolle. Persönlichkeitsschäden, wie sie durch das Fehlen einer bleibenden Betreuerin in früher Kindheit sowie durch mehrmaligen Abbruch von Betreuungsverhältnissen entstehen, beeinträchtigen die Chancen im späteren Leben mitunter ebenso stark oder stärker als sonstige soziale und psychische Benachteiligungen, z. B. Vernachlässigung. Im Widerspruch zu diesem Prinzip stehen alle Betreuungs- und Erziehungsbedingungen, die einen mehrmaligen Abbruch der Betreuungsbeziehung zulassen. Solche Bedingungen verstoßen daher gegen den Grundsatz des Kindeswohls als Anspruch auf „Förderung der Entwicklung und Erziehung zu einer eigenverantwortlichen und gemeinschaftsfähigen Persönlichkeit".

Tod oder unverschuldetes Versagen der Bezugsperson. Gegen die Forderung nach einem gesetzlichen Schutz kindlicher Bindungen wird bisweilen eingewandt: Wenn eine Mutter stirbt oder schwer erkrankt, ist ein Kind ja auch ohne seine Hauptbezugsperson. Deswegen sei diese Forderung unbegründet. Solche und ähnliche Argumente gehen daran vorbei, dass Gesetze stets nur den Verantwortlichkeits- und Verfügungsbereich des Menschen betreffen. Dass der Blitz ein Haus in Brand setzt, liefert keinen Grund dafür, absichtliche und auch nur fahrlässige Brandstiftung zuzulassen. Der obige Einwand ist also gegenstandslos – nicht nur für Tod und Krankheit, sondern auch für viele andere Schicksalsfügungen, über die der Mensch keine Macht hat.

Ein tragischer Konflikt entsteht, wenn eine Mutter ihr Kind ohne eigene Schuld nicht selbst betreuen konnte und es in Pflege gab, wo es sich fest verwurzelte, und wenn sie es nun unter Anrufung des Elternrechtes, das eigene leibliche Kind erziehen zu dürfen, herauslösen und zu sich nehmen will. Im Zusammenhang mit einem solchen Rechtsfall hat das Bundesverfassungsgericht am 17. Oktober 1984 einen richtungsgebenden Beschluss gefasst, der das Kindeswohl und damit in diesem Fall den Anspruch des Kindes auf das Erhaltenbleiben seiner gewachsenen Bindungen als das höhere Rechtsgut einstuft. Dessen Leitsatz lautet: „Es ist mit dem Grundgesetz vereinbar, dass allein die Dauer des Pflegeverhältnisses zu einer Verbleibensanordnung nach § 1632 Abs. 4 BGB führen kann, wenn eine schwere und nachhaltige Schädigung des körperlichen oder seelischen Wohlbefindens des Kindes bei seiner Herausgabe an die Eltern zu erwarten ist." (Der § 1632 Abs. 4 BGB ist auf S. 121 wiedergegeben).

Bedeutung der Blutsverwandtschaft

Beim Säugling und beim kleinen Kind ist – wie schon besprochen – die Art und Stärke seiner Bindung unabhängig von der Blutsverwandtschaft zu den die Elternstelle einnehmenden Erwachsenen. Dass die Blutsverwandtschaft keinen *unmittelbaren* Einfluss auf das Bindungsgeschehen hat, lässt sich an mehreren Tatbeständen veranschaulichen.

Zunächst zur *Vaterschaft*: In einem maßgeblichen Entscheidungsfall, nämlich wenn mehrere Männer, die als Vater in Frage kommen, dem Kind anlässlich der Vaterschaftsfeststellung gegenübertreten, offenbart sich kein Kriterium, das sich unmittelbar im Denken, Fühlen oder Wollen des leiblichen Vaters oder des Kindes ausdrückt. Bei kaum einem der Männer meldet sich beim Anblick des Kindes eine verlässlich urteilende innere Stimme, die sagt: „Das ist *mein Kind*". Und kein Kind läuft auf einen der in Frage kommenden Männer, falls es ihn zuvor noch nicht kennen gelernt hatte, zu und schließt ihn als seinen Vater in die Arme. Bekanntlich muss stattdessen ein auf wissenschaftlicher Methodik basierendes Verfahren zur Vaterschaftsfeststellung herangezogen werden.

Entsprechendes gilt für die Mutter – beispielsweise, wenn Kinder versehentlich als Säuglinge vertauscht wurden. Oder: Falls eine Mutter, die in Kriegswirren von ihrem neugeborenen Kind getrennt wurde und keine Ahnung hat, ob es lebt und wo es geblieben ist, viele Jahre später nichtsahnend auf der Straße an ihm vorbeiginge, so hätte dies keine Auswirkung auf ihrer beider Handeln oder Bewusstsein. Die Mutter würde ihr Kind nicht erkennen und das Kind nicht seine Mutter. Es geschähe einfach nichts, was vergleichbar wäre mit dem freudigen, mitunter überschwänglichen Gefühl beim überraschenden Wiedertreffen eines guten Bekannten, dem man jahre- oder jahrzehntelang nicht begegnet war.

Der Tatbestand der leiblichen Verwandtschaft hat also ohne das bewusste Wissen um diese Beziehung keine *direkten* Auswirkungen auf das Bindungsgeschehen zwischen Eltern und Kind. Allein entscheidend ist das *Bewusstsein*, die *Kenntnis* einer bestehenden Blutsverwandtschaft. Das Bewusstsein, ein Kind gezeugt und geboren zu haben, durchdringt viele Eltern tief. Sie sind fähig, ihre eigenen Wünsche und Bedürfnisse zurücktreten zu lassen, um sich selbstlos für ihr Kind einzusetzen, es im Notfall unter Einsatz des Lebens zu verteidigen. Diese Gefühlslage und seelisch-geistige Einstellung der Eltern zu ihrem Kind ist für dieses in seiner anfänglichen Hilflosigkeit ein Garant seines Schutzes gegen äußere Gefahren und gegen Verlassenwerden.

Für die Kinder ist ihre Beziehung zu den Eltern jedoch um so weniger auf die Blutsverwandtschaft bezogen und begründet, je jünger sie sind; existentiell bewusst und entscheidend ist die durch das Zusammenleben entstehende gewachsene menschliche Bindung. Das kann man am Verhalten von Adoptivkindern ablesen, denen ihr Adoptiertsein bekannt gemacht wird: Kleinkinder ändern daraufhin nichts an ihrer Liebe zu den Eltern und benehmen sich ihnen gegenüber weiterhin wie zuvor. Bei älteren Kindern, vor allem anlässlich der in der Pubertät auch bei leiblichen Kindern auftretenden Spannungen mit den Eltern, kommt es manchmal zum Vergleich der Adoptiveltern mit einem idealisierten Vorstellungsbild der leiblichen Eltern, auch wenn die Letzteren bisher in der Gedankenwelt der Kinder kaum eine Rolle gespielt hatten. Im Falle einer tatsächlichen Gegenüberstellung empfinden die Kinder dann ihre leiblichen Eltern jedoch als Unbekannte. Ob sich anschließend oder später eine herzliche Beziehung bildet, ist nicht allgemein festgelegt.

Bei Erwachsenen kann sich das Bewusstsein der Blutsverwandtschaft, also der leiblichen Elternschaft, aber auch ganz anders auf das Verhältnis zu ihren Kindern auswirken: In der Regel verstärkt es zwar das Zugehörigkeitsgefühl. Wo dagegen Enttäuschung oder Kritik am Verhalten der Kinder vorwiegen, entfaltet das Gefühl der Blutsverwandtschaft oft keine positive Wirkung, sondern es intensiviert feindliche Gefühle wie Hass und Geringschätzung. Väter und Mütter können mit unglaublich gesteigerter Empfindlichkeit auf Kränkungen reagieren, wenn „das eigene Fleisch und Blut" sie ihnen antut („narzisstische Kränkung"); und Geschwisterrivalität kann bis ins Erwachsenenalter nachwirken und etwaige Auseinandersetzungen in lebenslange Unversöhnlichkeit münden lassen.

Die Blutsverwandtschaft beeinflusst also das Verhältnis zwischen Menschen nicht unmittelbar, sondern als Bewusstsein der Blutsverwandtschaft. Dies wirkt nicht in einer festgelegten Richtung, sondern es verstärkt eher diejenigen Beziehungen (Zuneigung oder Ablehnung), die zuvor auf andere Weise entstanden waren. Deswegen ist es nicht haltbar, der Blutsverwandtschaft die Priorität gegenüber der gewachsenen Bindung zuzuschreiben. Gerade die Naturwissenschaft Biologie liefert dafür kein Argument. Zwar ist die Blutsverwandtschaft ein biologisch naturhafter Tatbestand, aber nicht der einzige und nicht der entscheidende: Auch die durch das Kind-Eltern-Zusammenleben entstehende Bindung ist – als Ergebnis eines prägungsähnlichen Lernvorgangs – etwas Naturhaft-Biologisches; zugleich ist sie jedoch durch die Integration des seelisch-geistigen Bereichs etwas Spezifisch-Menschliches.

Die meisten Kinder wachsen bei ihren leiblichen Eltern auf; zur genetischen Abstammung tritt dort durch prägungsähnliches Lernen auch die gewachsene Bindung. Falls ein Kind aber aufgrund von Schicksalsfügungen nicht bei seiner leiblichen Mutter aufwächst, verteilen sich die beiden Anteile der Elternschaft auf zwei Frauen: Zu seiner leiblichen Mutter besteht die naturhafte Beziehung der Blutsverwandtschaft, zu der anderen, die Mutterstelle einnehmenden Frau die ebenfalls naturhafte, zugleich aber durch das tägliche Miteinander entstandene und allzeit unmittelbar erlebte seelisch-geistige Beziehung der gewachsenen Bindung. Beide Beziehungen sind von Natur aus biologischer Art, wenn auch auf verschiedenen Ebenen (hier Vererbung, dort prägungsähnliches Lernen). Die gewachsene Bindung aber hat zusätzlich ihre seelisch-geistige Seite, in die das naturhafte Bindungsgeschehen hineinverwoben ist. Der Abbruch dieser Bindung wäre für das Kind ein unvergleichlich viel schlimmerer Verlust und ein so schweres existentielles Unglück – eingeschlossen die beschriebenen Zukunftsgefahren –, dass die Erhaltung dieser Bindung das höhere Gebot zugunsten des Kindeswohls darstellt und damit noch vor der genetischen Abstammungsbeziehung steht, die für das Kind nicht unmittelbar erfahrbar ist, sondern nur indirekt vermittelt wird (durch sprachliche Mitteilung oder DNA-Analyse). Daher verdient im Konfliktfall die gewachsene Bindung den Vorrang und den Schutz des Gesetzes.

Umgangsrecht mit Kindern für Eltern nach der Scheidung oder Trennung

Wohnt nach der Scheidung oder Trennung eine Mutter mit ihrem Kind zusammen in einem Haushalt, so steht auch dem Vater kraft Gesetzes weiterhin die elterliche Sorge zu und ebenso das Umgangsrecht mit seinem leiblichen Kind. Wohnt das Kind gewöhnlich im Haushalt des geschiedenen Vaters, so steht dieses Umgangsrecht der Mutter zu. Das Familiengericht kann diesen Umgang zeitlich einschränken oder auf begrenzte Zeit oder sogar auf Dauer ausschließen, falls es zum Schutze des Kindeswohls erforderlich ist. Die Zusammenkünfte sollen nach heutigem Rechtsverständnis drei Zielen dienen:
– Der nicht mit dem Kind im gleichen Haushalt lebende Elternteil soll sich vom Wohlbefinden des Kindes überzeugen können;
– Die persönliche Bindung zwischen ihm und seinem leiblichen Kind soll erhalten bleiben, also einer Entfremdung soll vorgebeugt werden;
– Dem auf gegenseitiger Liebe beruhenden Wunsch zum Zusammensein soll Rechnung getragen werden.

Im Sinne der in diesem Buch vertretenen Anliegen ist diesen drei Zielen ein viertes hinzuzufügen, das eigentlich selbstverständlich ist, das aber in Konflikt mit den ersten drei geraten kann:
– Die Zusammenkünfte mit dem umgangsberechtigten Elternteil sollen dem Kind keinen Schaden zufügen (= nicht gegen das Kindeswohl verstoßen).

In den meisten Fällen einigen sich die drei Partner – Kind, Mutter und Vater – gütlich darüber, wie sich die Zusammenkünfte abspielen sollen. Bei jeder zehnten bis zwanzigsten Ehescheidung entstehen jedoch Konflikte, die dann vor ein Familiengericht gebracht werden. Ein häufiger Grund dafür ist die Weigerung eines

Kindes, die Besuche auszuführen. Viele Erwachsene und mitunter auch Gerichte neigen in dieser Lage dazu, den Erzieher (meistens die Mutter) aufzufordern, auf die Aufhebung des Widerwillens des Kindes hinzuwirken; Gerichte drohen sogar mit der Erhebung von Zwangsgeld oder mit dem Entzug der elterlichen Sorge, falls das Kind die Besuche nicht wieder aufnimmt.

Man spricht damit dem Anspruch des Erwachsenen, sein Umgangsrecht durchsetzen zu wollen, Vorrang zu vor den Beweggründen des Kindes, den Umgang zu verweigern.

Der Unwille des Kindes zum Besuch bei dem geschiedenen Elternteil ist aber so gut wie niemals grundlos, sondern wird unter Umständen durch das Verhalten der Eltern selbst hervorgerufen. Im Falle einer schwierigen Scheidung können die gegenseitigen Kränkungen und Emotionen so stark sein, dass gegen das Gebot des Gesetzes, das Verhältnis zum anderen Elternteil nicht zu beeinträchtigen, verstoßen wird und dieser Elternteil für das Kind einen angsterregenden Charakter annimmt. Die Angst des Kindes kann aber, wie R. W. Klussmann in seinem Buch *Das Kind im Rechtsstreit der Erwachsenen* überzeugend schildert, ganz verschiedene Wurzeln haben. Hier sei – als Beispiel und in aller Kürze – nur eine einzelne, aber in ähnlicher Form immer wieder vorkommende, besonders tragische Entwicklung skizziert:

Das Kind liebt beide Eltern herzlich und ist an beide innerlich gebunden; doch ist die Mutter, bei der es nach der Scheidung lebt, seine Hauptbezugsperson. Der größte Wunsch des Kindes ist es, die Eltern würden wieder zusammenkommen. Doch sind sie im Streit auseinander gegangen und nach wie vor unversöhnt und tief verletzt. Das Kind ist glücklich bei der Mutter, trifft aber auch gerne und freudig mit seinem Vater zusammen. Die Mutter leidet in ihrer Verletztheit tief darunter; sie will dies zwar nicht zeigen, aber das feinfühlige Kind bemerkt ihren Schmerz, vor allem, wenn es nach der Rückkehr vom freudigen Erleben beim Vater spricht, aber auch, wenn es zu ihm fortgeht. Das Kind beginnt sich daraufhin zu quälen und sich schuldig zu fühlen, weil es der Mutter durch seine Besuche beim Vater so weh tut. Wenn das Kind diesen Zwiespalt nicht mehr erträgt, entsteht in ihm ein unüberwindlicher Widerstand, den Weg zum Vater anzutreten, weil das am Ende zur Kränkung seiner Mutter führt; das Kind weigert sich nun, den Vater zu besuchen.

Das Nicht-Besuchen-Wollen des Vaters ist also hier – ohne dass irgendein Zwang auf das Kind ausgeübt worden wäre – für das Kind die teuer erkaufte Lösung eines unerträglichen inneren Konflikts. Aber ein Kind ist selten in der Lage, die Gründe für sein Verhalten in Worte zu kleiden; darum wird seine Weigerung von niemandem verstanden, und man findet sie unvernünftig. Bald drängen alle Beteiligten das Kind, die Besuche wieder aufzunehmen. Dem seelischen Druck, der dadurch entsteht, ist das Kind schließlich nicht mehr gewachsen: Um die Mutter nicht immer wieder zu kränken, verschweigt es jetzt mehr und mehr von dem, was die Mutter verletzen könnte, und verheimlicht ihr die schönen Erlebnisse beim Vater und die Geschenke, die es von ihm erhielt. Das Kind wird also unaufrichtig und verliert dadurch die Unbefangenheit und das gute Gewissen, und zwar *beiden* Elternteilen gegenüber. Für die Mutter wird es zum vernichtenden Schlag und unbegreiflich, wenn sie eines Tages die Heimlichkeiten ihres Kindes entdeckt und als Unwahrhaftigkeit und Vertrauensbruch empfindet.

Das Kind aber beweist durch sein Verhalten keinen schlechten Charakter, sondern es versagt in einem inneren Konflikt, dem es in seinem Alter nicht gewachsen sein kann; auch für Erwachsene sind liebesbedingte

Loyalitätskonflikte nur mit größter seelischer Anstrengung, Überlegung und Willensanspannung, oft aber gar nicht zu lösen. Der seelische Schock beim Offenbarwerden seiner Unwahrhaftigkeit ist aber für ein feinfühliges Kind etwas Schreckliches und kann es seelisch noch zusätzlich belasten.

Das beschriebene Beispiel soll zeigen, was für ein Unglück man anrichten kann, wenn man ein Kind gegen seine Weigerung zum Besuch bei dem anderen Elternteil zwingt. Aus diesen und zahlreichen weiteren, hier nicht behandelten Gründen folgt für die gerichtliche Praxis die Konsequenz: Ein ernstlicher, durch Vernunftgründe oder gutes Zureden nicht zu behebender Besuchswiderstand beruht bei einem Kind mit an Sicherheit grenzender Wahrscheinlichkeit auf tiefer Angst oder unerträglichen inneren Konflikten und darf wegen des Risikos schwerer Persönlichkeitsbelastungen auf keinen Fall durch moralisch-seelischen Druck oder gar durch Gerichtsbeschluss gebrochen werden.

Die gegenteilige Empfehlung, die mancherorts noch heute vertreten wird, zielt auf eine Gewöhnung des Kindes an die zunächst als störend empfundenen unangenehmen Begleitumstände. Eine solche „heilsame Abstumpfung" setze, so heißt es, natürlich voraus, dass die Besuche – auch gegen den Widerstand des Kindes – durchgesetzt werden. Niemand aber kann bei einem Kind voraussagen, was beim etwaigen schließlichen Aufgeben seines Widerstandes in seinem Inneren vor sich geht: bloße Gewöhnung wie an den schlechten Geschmack einer Arznei oder aber von nun an – notgedrungen – Opportunismus anstelle von Liebe und Gewissen als Wegweiser für das Verhalten zum Mitmenschen.

Das hier zugrunde liegende verhaltenssteuernde Geschehen spielt sich nicht auf der Ebene der Vernunft ab – die Bezeichnung vom „unvernünftigen Willen des

Kindes" trifft daher nicht den Kern der Sache –, sondern seine Verursachung liegt im Bereich der existentiellen Naturtriebe Liebe, Bindung und Angst, und diese haben ihre eigene Logik. Daher empfiehlt es sich, bei Besuchsverweigerungen der Kinder nicht erst die quälende Situation andauern zu lassen, sondern das Gespräch miteinander zu suchen, um gemeinsam das Problem zu lösen. Auf alle Fälle sollte eine Unterbrechung der Besuche erfolgen, damit die Erwachsenen eine Problemlösung erarbeiten können und das Kind erst einmal eine Entlastung vom Besuchszwang erfährt. Falls die Eltern selbst zu keiner Problemlösung kommen, so sollten sie Beratung bei Trägern der Jugendhilfe (wozu diese gesetzlich verpflichtet sind) suchen. Der Gang zum Gericht darf nur der letzte Versuch sein, das Problem der Besuchsverweigerung des Kindes zu lösen, denn er kann die feindlichen Gefühle der Elternteile womöglich noch intensivieren und insbesondere für das Kind zu zusätzlichen seelischen Belastungen führen.

Ein möglicher Weg *nach* Anrufung des Gerichtes bestände darin, dass der *Richter* mit beiden Eltern einzeln spricht und mit großem Ernst die schlichte Frage stellt: „Wollen Sie Ihr Kind wirklich zwingen?" Macht man beiden Eltern die seelische Lage des Kindes klar, so ist eine günstige Regelung häufiger zu erreichen, als man glaubt.

Eine weitere Möglichkeit für den Richter, um einen Rechtsstreit abzuwenden und die Aufmerksamkeit der Erwachsenen auf das Kindeswohl zu lenken, liegt darin, dem umgangsberechtigten Elternteil sein Umgangsrecht ausdrücklich zu belassen oder zu bestätigen, aber ebenso ausdrücklich den Besuchszwang auf das Kind auszuschließen. Wie die Erfahrung zeigt, kann sich nach einem solchen Urteil die Situation sowohl für das Kind als auch für die beteiligten Erwachsenen nachhaltig entspannen, schon weil der gute Wille zum leitenden Gesichtspunkt wird; der Umgangsberechtigte wird auf die Hinwendung zum Kind verwiesen: Durch kleine, aber wohlbedachte Geschenke, z. B. Bücher, Kassetten, Spielzeug aus Anlass von Feiertagen (allgemeinen wie Weihnachten, persönlichen wie Geburtstag) sowie durch kleine Briefe oder Postkarten mit besonderen Motiven kann er etwas dafür tun, um in seinem Kind den Wunsch nach einem Wiedersehen neu entstehen zu lassen.

Nachdem die Gesetzgebung und die Rechtsprechung die gewachsene kindliche Bindung in den Schutzbereich des Kindeswohl-Begriffes aufgenommen haben, ist zu hoffen, dass sie sich bald auch der Bewahrung der Kinder vor seelisch belastenden, für die Persönlichkeitsbildung verhängnisvollen Besuchsrechtsregelungen annehmen und dadurch den Verletzungen des Kindeswohls auf diesem Gebiet wirksamer entgegentreten werden.

Umgangsrecht mit Pflegekindern

Bisweilen verlangen leibliche Eltern, ihr leibliches Kind solle sie besuchen, auch wenn sie es schon vor langen Jahren in Pflege gegeben haben und es nun in der Pflegefamilie fest verwurzelt ist, so dass seine Pflegeeltern zu seinen faktischen Eltern wurden. Hierbei handelt es sich für das jeweils betroffene Kind um etwas grundsätzlich anderes als der Umgang mit einem nach der Scheidung aus der Familie ausgeschiedenen Elternteil, was im vorausgehenden Abschnitt besprochen wurde. Das hat zwei Gründe:
- Die Zusammenkünfte sollen in der Regel nicht wie dort der Aufrechterhaltung einer bestehenden Bindung dienen, sondern der Stärkung einer schwachen oder der Begründung einer zuvor noch nicht aufgenommenen Beziehung (zu den leiblichen Eltern).

– Das Kind führt die Besuche nicht von einem Zuhause aus durch, das als Basis für seine weitere Existenz zweifelsfrei gesichert ist; sondern die Zusammenkünfte sollen in der Regel die Möglichkeit eines späteren Übergangs des Kindes in die Obhut der leiblichen Eltern überprüfen, meist mit der (dem Kind gegenüber nicht ausgesprochenen) Absicht, damit die Rückführung, also den Abschied von seinem Zuhause, bei den Pflegeeltern anzubahnen.

Zu versuchen, ein Kind über den beabsichtigten Verlust seiner faktischen Eltern zu täuschen, ist aber so gut wie immer aussichtslos: Kinder sind vor dem Abschluss der Pubertät zwar im logischen Denken noch nicht so geschult wie Erwachsene; aber im Erspüren gefühlsmäßiger Zusammenhänge und im Beobachten auch unscheinbarer Anzeichen für bevorstehende Änderungen sind sie vielen Erwachsenen überlegen. Aus diesem Grunde sind die pflichtmäßigen Zusammenkünfte mit den leiblichen Eltern für Kinder, denen ihre Pflegeeltern schon zu den faktischen Eltern geworden sind, fast zwangsläufig mit existentieller Trennungsangst verknüpft. Solche Ängste entstehen ohne jede Beeinflussung des Kindes, ja sogar entgegen positiver Beeinflussung seitens der Pflegeeltern. Trotz aller Bemühungen pflegen die Ängste eines Kindes von Besuch zu Besuch zu wachsen, statt abzuflauen.

Aus verhaltensbiologischer Sicht ist diese Trennungsangst in der Natur des Kindes verankert: Ein Kind wäre seelisch nicht gesund, wenn es auf den sich anbahnenden Verlust seiner faktischen Eltern und damit seines Hortes der Geborgenheit nicht mit existentieller Angst reagieren würde. Was dies für ein Kind bedeutet, ist für Erwachsene, die als Kinder in stets gesicherten Verhältnissen aufwuchsen, beinahe nicht nachvollziehbar – es sei denn, sie hätten die Leiden solcher Kinder unmittelbar miterlebt und mitempfunden.

Nach einem derartigen Besuch – und allgemein unter dem Einfluss von Trennungsangst – können Kinder an Schlaflosigkeit, Appetitmangel und Erbrechen leiden; sie können zu Bettnässern werden, allgemein gesundheitlich abfallen, zu Unfällen und Infektionen neigen. Sie können wie geistesabwesend oder aggressiv sein und in der Schule versagen. Ein neunjähriges Mädchen schrieb in zwei Diktaten, zwischen denen nur zehn Tage lagen, einen halben Fehler und 25 Fehler; dazwischen hatte es erfahren, dass sein Verbleib bei den Pflegeeltern (in diesem Fall der Großmutter) gefährdet war. Es konnte sich daraufhin nicht mehr auf die Schularbeit konzentrieren. (Die Gefahr war real; das Kind wurde wenige Tage später von seinem leiblichen Vater entführt und über die Landesgrenze gebracht, von wo es dann nicht mehr zurückgeführt werden konnte.) Vergleichbare psychosomatische und psychische Erscheinungen kennt man von Erwachsenen nur als Folge traumatischer Erlebnisse wie dem Verlust des Ehepartners, eines Kindes oder der Heimat.

Wenn sich erzwungene Besuche bei den leiblichen Eltern dermaßen folgenschwer auf die gesundheitliche und seelische Befindlichkeit eines Pflegekindes auswirken, erscheint es als selbstverständliches Gebot der Menschlichkeit und der Wahrung des Kindeswohls, solche Besuche ab sofort ruhen zu lassen. Leider aber hat man jahrzehntelang zwar die beschriebenen Leiden der Kinder wahrgenommen, doch ist es geradezu tragisch, dass man als deren Ursache nicht die Trennungsängste erkannte. Stattdessen hat man, falls kindliche Verhaltensstörungen der beschriebenen Art auftraten, die Pflegeeltern dafür verantwortlich gemacht und ihnen unter anderem zur Last gelegt, dass sie
– ihrer erzieherischen Aufgabe, bei den Pflegekindern nicht als Eltern, sondern nur als Eltern-Stellvertreter auf Zeit zu wirken, nicht gerecht geworden sind;

- bei der erzieherischen Aufgabe, die künftige Rückführung des Kindes zu den leiblichen Eltern vorzubereiten, versagt haben;
- die leiblichen Eltern ablehnen und das Pflegekind in diesem Sinne beeinflussen;
- sich „eigennützig" bemühen, das Kind an sich zu binden, um es auf die Dauer bei sich behalten zu können;
- unter eigenen Trennungsängsten leiden, also Furcht vor dem Verlust des Kindes haben und die eigenen Trennungsängste auf das Kind übertragen.

Den Hintergrund für all diese Vorwürfe bildete die auch heute noch zuweilen vorhandene Unkenntnis darüber, dass kindliche Bindungen durch prägungsähnliche Lernvorgänge bei langdauerndem Zusammenleben entstehen und eine echte, existentielle Verwurzelung darstellen sowie die fälschliche Vorstellung, dass kindliche Bindungen beim Bestehen von Blutsverwandtschaft selbstverständlich seien. Darum meinte man: Wenn Kinder sich nicht elementar zu ihren leiblichen Eltern hingezogen fühlen und keine Liebesbande entwickeln, so müsse dies in ihrer gegenwärtigen Lebenssituation begründet sein, also auf Erziehungseinflüssen durch die Pflegeeltern beruhen.

Die Wirklichkeit sieht aber anders aus: Wenn Pflegeeltern ihre Aufgabe erfüllen, den Kindern Fürsorge und Geborgenheit zu gewähren, dann fliegt ihnen im Laufe der Zeit das Herz der Kinder zu, ob sie es wollen oder nicht; und die nicht oder selten anwesenden leiblichen Eltern sind und bleiben für die Kinder dasselbe wie alle sonstigen Menschen: nähere oder fernere Bekannte oder Fremde. Die Pflegekinder verspüren unter diesen Umständen ebensowenig den Drang, zu den leiblichen Eltern umzusiedeln wie zu irgendwelchen anderen Bekannten oder Fremden, ja sie haben davor, wenn man es ihnen auferlegen will, die tiefste Angst; ein anderes

Verhalten oder Empfinden widerspräche der menschlichen Natur. Die Kinder hängen vielmehr mit allen Fasern ihres Wesens an ihren faktischen Eltern und wollen dort bleiben.

Die Unkenntnis über diese Zusammenhänge und die falsche Zuschreibung der Verhaltensstörungen von Pflegekindern anlässlich des ihnen auferlegten Umgangs mit den leiblichen Eltern (Pflegeeltern-Versäumnisse statt Trennungsangst) hat im Laufe der vergangenen Jahrzehnte unermessliches Leid und Unglück der Kinder und auch der beteiligten Erwachsenen zur Folge gehabt. Es ist zu hoffen, dass die Einsicht in das Wesen der kindlichen Bindung und in die Erscheinungsformen der bis zur seelischen und körperlichen Erkrankung reichenden Folgen kindlicher Verlustängste bald allgemein in die Rechtsprechung über Umgangsrechte mit Kindern, die sich in Pflege befinden, Eingang findet. Den Ansprüchen von Erwachsenen den Vorrang vor entgegengerichteten Beweggründen und Verlustängsten von Kindern zuzusprechen, steht im krassen Gegensatz zum Kindeswohl und wird hoffentlich bald der Vergangenheit angehören.

Weiterführende Literatur

BISCHOF-KÖHLER, D.: Spiegelbild und Empathie. Die Anfänge der sozialen Kognition. Bern / Stuttgart (Hans Huber) 1989

BOWLBY, J.: Mutterliebe und kindliche Entwicklung (1953). München (Reinhardt) 3. Aufl. 1995

–: Bindung. Eine Analyse der Mutter-Kind-Beziehung (1969). München (Kindler) 1975; Frankfurt/M. (Fischer TB) 1980

–: Trennung. Psychische Schäden als Folge der Trennung von Mutter und Kind (1976) München (Kindler) 1976; Frankfurt/M. (Fischer TB) 1980

Deutsche Liga für das Kind in Familie und Gesellschaft (Hrsg.): Kinder unter drei. Bedingungen einer guten Betreuung. Neuwied (Strüder Verlag) 1995

Deutscher Verein der sozialen Arbeit (Hrsg.): Fachlexikon der sozialen Arbeit. (Eigenverlag) 1980, 5. Aufl. 2001

DÜHRSSEN, A.: Psychogene Erkrankungen bei Kindern und Jugendlichen. Göttingen (Vandenhoeck & Ruprecht) 1954, 15. Aufl. 1992

FLEHMIG, I.: Normale Entwicklung des Säuglings und ihre Abweichungen. Stuttgart (Thieme) 1968, 6. Aufl. 1993

GROSSMANN, Karin und Klaus: Bindung. Stuttgart (Klett-Cotta) in Vorbereitung

HARBAUER, H., (EGGERS C.), LEMPP, R., NISSEN, G., STRUNK, P.: Lehrbuch der speziellen Kinder- und Jugendpsychiatrie. Berlin (Springer) 1971, 7. Aufl. 1994

HASSENSTEIN, B.: Verhaltensbiologie des Kindes. Heidelberg (Akademischer Verlag Spektrum) 1973, 5. Aufl. 2001

HAUG-SCHNABEL, G.: Enuresis. Diagnose, Beratung und Behandlung bei kindlichem Einnässen. München / Basel (Ernst Reinhardt) 1994

HELLBRÜGGE, Th. (Hrsg.): Kindliche Sozialisation und Sozialentwicklung. München / Berlin / Wien (Urban & Schwarzenberg) 1975, 2. Aufl. 1999

– (Hrsg.): Die Entwicklung der kindlichen Sexualität. München (Urban & Schwarzenberg) 1982

KIRKILIONIS, E.: Ein Baby will getragen sein. München (Kösel) 1999

KLUSSMANN, R. W.: Das Kind im Rechtsstreit der Erwachsenen. München Basel (Reinhardt) 1981, 2. Aufl. (mit STÖTZEL, B.) 1995

LOTHROP, H.: Das Stillbuch. München (Kösel) 1976, 14. Aufl. 1989

NIENSTEDT, M. und WESTERMANN, A.: Pflegekinder. Psychologische Beiträge zur Sozialisation von Kindern in Ersatzfamilien. Münster (Votum-Verl.) 1989, 2. Aufl. 1990

MEVES, Chr.: Erziehen lernen. Was Eltern und Erzieher wissen sollten. (1971) Gräfelfing (Resch) 1996

SALGO, L.: Der Anwalt des Kindes. Die Vertretung von Kindern in zivilrechtlichen Kindesschutzverfahren. Frankfurt (Suhrkamp) 1996

SCHIMKE, R.: Das neue Kindschaftsrecht. Neuwied (Luchterhand) 1998

SIESS, H.: Starke Eltern, starke Kinder. Eine frühkindliche Erziehung zur Ichstärke. Zürich und Düsseldorf (Walter-Verlag) 1999

Register

„Abdressieren" 72
Abneigungen 61f., 78
„Abseitsverhalten" 130
Adoption 110ff.
– älterer Kinder 116f.
– Freigabe zur 113, 116
Adoptionsvermittlung 111, 117
Adoptivkinder 10, 80, 112, 117
Aggressions-Frustrations-Theorie 30f.
Aggressive soziale Exploration 29ff., 71, 79
Aggressivität 27ff., 32f., 53, 70, 78ff., 130, 150
– aus Angst bei Ausweglosigkeit 32
– frustrationsbedingte 28f.
– gegen Außenseiter 33
– spielerische 27f., 70
Aktivität des Kindes 15, 20, 62
Alleinerziehende 93ff., 97ff., 85f.
Anerkennung 62
Angst 12, 22f., 32, 47, 65, 76, 78, 88, 133, 146, 61, 69, 73, 81f., 86
Anregen 48, 56, 80f., 99, 122ff.
Ansehen (Mutter, Hausfrau) 91ff.
Antriebsstau 64, 66
Antriebssteuerung 65

Anwesenheitszeichen 44f., 47
Aufklärung 88f., 90
Aufmerksamkeit 62
Aufschub der Wunscherfüllung 63ff.
Begabung 24
Behaviorismus 30f.
Berufsausbildung und -tätigkeit
– außerhäusliche 7, 103f., 101, 108f.
– beider Eltern 91ff.
– von Säuglings- und Kleinkindmüttern 50f., 109, 125, 103
– Verzicht auf 98, 95f., 104
Besitz 33, 123
Betreuungswechsel 23f., 108, 126, 127, 138
(s. auch Trennungsängste)
Betriebskindergärten 134
Bettnässen (Enuresis) 120, 82, 150
Bewegen des Säuglings 44f.
Bewegungsdrang 52, 79, 65f.
Bezugsperson, bleibende betreuende 11ff.
Bindung, Kind 10ff., 22ff., 51f., 106, 112, 124f., 138, 142
– Auswirkungen 13f., 24f., 51f.
– fehlende 23f.
– unsichere 22ff.

- wechselseitige (zwischen Eltern und Kind) *11ff.*
- an Großeltern *135ff.*
- an Adoptiveltern *10, 112ff.*
- an Pflegeeltern *10, 118ff., 135, 138f.*
- Anspruch (Recht) auf Erhaltenbleiben *137ff., 142*

Bindungsvorgang *10f., 12f., 48, 106, 117f.*
- störbare Phase *11, 127f., 131*

Blutsverwandtschaft *139ff.*
Egoismus *24, 64, 33*
Ehescheidung *136, 143ff.*
Eigenrevier *32, 123*
Eigeninitiativen (Kind) *62f.*
Einengung (Erziehungsfehler) *62, 52, 83*
Einfühlung *26, 36, 65*
Eingewöhnungszeit *130, 131*
Eltern *10ff., 73, 78ff., 81, 87, 91ff., 122ff., 140*
Elternschaft *13ff., 21, 92*
- zwei Arten der *13f.*
- leibliche *10, 11, 33ff., 139ff.*
- seelisch-geistige, „soziale" *11f., 14, 119*

Eltern-Streit *81f., 144ff., 84*
Entbindungsstation *43*
Entscheidungsfreiheit *67*
„entspanntes Feld" *22*
Erbanlagen, Erbgut *34ff.*
Erfolgserlebnisse *24*
Erkunden *13f., 15, 22ff., 41, 45, 62f., 86f.*
faktische Eltern(schaft) *11, 125*
Familie *7, 9, 91ff., 122f., 70, 73, 96*
Familiengericht *135, 143, 146ff.*

Fernsehen *27, 69*
Feste feiern *98, 123*
Flaschenernährung (Säugling) *38, 48*
Fortbildung (beruflich) *85*
Fragen stellen *15, 57f., 87*
Fremdbetreuung von Kindern *94, 96, 128*
↗ Kinderkrippe, Tagesmütter, Heime
Fremdeln *11, 12*
Frustration *28f., 71, 130*
„Geben und Nehmen" (Spiel) *25*
Geborgenheit *12, 25, 65*
Geburt, Stunde nach der *44*
Geduld *19, 20, 64, 54, 85, 109*
Gefühlsarmut *24*
Gehorsam *72ff., 33, 106f.*
Geschwister *13, 33, 35, 135*
Geschwisterrivalität *141*
Gesellschaftsspiele *67ff., 124*
Gewissen *145*
„Gewöhnung" *146*
Großeltern *106ff., 13, 34, 94, 96, 97, 99, 135*
Gruppenaggression *32f.*
Hass *33, 52, 77, 141*
Heime *80ff., 73f., 78, 118, 159*
- Altersklassenstruktur *80, 34, 121*
- Familienstruktur *80ff., 121ff.*

Herabsetzung, Missachtung *61*
Hilfsbereitschaft *26, 67, 89*
Hörprüfung *54*
Hunger *78, 15, 46*
Ich-Entwicklung *14, 26, 55, 80*
Identifikation *27, 65, 82ff., 117*
Immunität *37, 40f.*
Inkonsequenz *61, 71, 84*
innere Uhr *41f.*

Intelligenz 62
Jugendamt 100, 118, 120
Kasperlespiel 17, 62, 98, 123
Kindergärten 12, 131ff., 99
Kindeswohl 91, 92, 114, 143, 132
– juristisch 135ff., 148, 152
Kleinkind 12f., 14ff., 25ff., 33ff., 51, 86f., 122f.
Konflikt, innerer 81, 86, 145f.
Konsequenz 64, 71, 72, 80
Kontinuität (der Betreuung eines Kindes) 122, 125, 127
Krabbelstuben 92f., 128ff., 102, 142
Krippe 128ff., 48, 55, 102
Lächeln 11, 12, 34, 39, 48, 54
Lernbereitschaft 62f.
Lernstrategien, angeborene 15, 19, 21, 22ff.
Liebesentzug 77
Liebespartnerschaft 89
Lustigkeit 69f., 133
Milchbildung 42f.
Milchspendereflex 38
Misserfolg 20, 21, 53, 67
Mitgefühl 26, 24
mitmenschliches Verhalten 24, 25f., 27, 63ff.
Mutter 11, 13, 41, 43, 44, 53ff., 85, 91f., 59, 106ff., 114ff.
– alleinerziehende 93ff., 97ff.
Mutter-Kind-Trennung 49f.
Mutter-Kind-Zimmer 43f.
Muttermilch 37ff.
Mutter-und-Kind-Programm 97ff., 101ff.
Nachahmen 17f., 27, 55, 60ff., 33, 64
Neinsagen (Kind) 14
Neugierde 57

Notsignale (Kind) 45f., 80
Opportunismus 146
Personenschlüssel (Anzahl Kinder pro ...)
– Erzieherin (Kindergarten) 131f.
– Betreuerin (Krippe, Krabbelstube) 92, 122, 129
Pflegeeltern, Pflegekinder 10, 11, 118ff., 120, 135, 138, 148ff., 24, 122
Pflegeverhältnisse, gesetzlicher Schutz 120f., 138f.
Phantasie 15, 18, 20, 62
Phimose-Operation 86
Reifung 11, 21
Rücksichtnahme 63, 24
Säugling 10ff., 38ff., 43ff., 49, 65, 113
Säuglingspflege lernen 43, 84
schöpferisches Erfinden 18, 62
Schreien (Säugling)
↗ Weinen
Schuld(gefühle) 122f., 189, 201
Schwangerschaft, ungewollte 104
Selbstachtung 92, 103
Selbstsicherheit 24
Selbstständigkeit (Kleinkind) 14ff., 18ff., 51ff., 62, 99
Selbstverwirklichung 92
Selbstwertgefühl 92, 139, 89, 103, 183
sensible Phase 11, 106, 50
Sexualität, kindliche 86ff.
sexuelle Aufklärung 88f., 90
sexuelle Erregung 86, 88
sexuelle Fixierung 88
sexuelle Hemmungen 88, 89, 83
sexuelle Stimulierung 88f.
sexuelle Wissbegierde 86f.

Sozialhilfe 94, 95f., 98
Spielen 15f., 27f., 58ff., 99
- Erwachsene mit Kindern 67ff., 70, 42
Spielregeln 67, 68
Spielsachen 59, 123
Sprechen lernen 53f., 55, 60
Stillen 37ff.
- nach Bedarf 41f.
- in der Nacht 41f.
Strafe 74ff., 78
- körperliche 76
- nachträgliche 75
- sofortige 74f.
Tagesmütter 124ff., 102
Tragling 45
Trauma, seelisches 150
Trennung, Kind von Eltern 9, 94f.
Trennungsängste 149f.
Trotzalter 29
Tyrannisieren (Eltern durch Kinder) 47, 71
Überbehütung 19, 52, 59, 99, 62, 81
Übersprung(verhalten) 86
Umgangsrecht mit leiblichem Kind
- geschiedener Elternteil 135, 143ff., 188ff.
- leibliche Eltern mit Pflegekind 148ff.

Vater 11, 13, 46, 50, 84ff., 93, 75
Vaterschaftsfeststellung 139, 190
Verbitterung 66, 75
Verbote 72
Vererbung 33f.
Versprechungen 66
Verwöhnung 41f., 49, 62, 64, 65, 83, 107
Verzichten können 63ff.
Vorbild(wirkung) 27, 64, 78, 80ff., 83f., 85, 89
Weinen (Säugling) 41, 45ff., 130, 43
- (Kleinkind) 71
Wertmaßstäbe, gesellschaftliche 69, 92, 93
Wettkampf 50, 67f., 70
Wiederholungsdrang, spielerischer 16, 56
Wiegen des Säuglings 42f.
Wissbegierde 15, 22, 56f.
- sexuelle 86f.
Wunscherfüllung, Aufschub der 63ff., 65ff.
Zeit haben (für Kinder) 13, 19, 66, 94, 109
Zeitbewusstsein (Säugling, Kleinkind) 128

Was Kinder brauchen

Patricia H. Berne / Louis M. Savary
Kinder brauchen Selbstvertrauen
Tipps und Ratschläge für Eltern
Band 5138

Mit Selbstvertrauen lassen sich die vielen Aufgaben des Lebens meistern. Wie man Kinder oft mit „Kleinigkeiten" unterstützen kann.

Roswitha Defersdorf
Deutlich reden, wirksam handeln
Kindern zeigen, wie Leben geht
Band 4829

Damit Kinder ihren Weg eigenständig und erfolgreich gehen lernen, brauchen sie Eltern, die eindeutig, klar und liebevoll sind.

Ruth Eder
Ich helfe dir, dich selbst zu schützen
Kinder stark machen gegen sexuelle Übergriffe
Band 5220

Herrschende Hilflosigkeit und Angst durchbrechen: Konkrete Hinweise, wie Eltern ihre Kinder mit den richtigen Strategien vertraut machen können.

Werner Haas
Eltern, setzt euch durch!
Keine unnötigen Machtkämpfe mehr
Band 5119

Wie gewinnen Eltern positive Autorität und Kinder innere Klarheit? Ein praktischer Ratgeber, der Eltern zeigt, wie sie sich durchsetzen, ohne auszuflippen.

Klaus Hurrelmann / Gerlinde Unverzagt
Kinder stark machen für das Leben
Herzenswärme, Freiräume, klare Regeln
Band 4937

Das „magische Dreieck", das Eltern hilft, innere Stärke und Selbstständigkeit wiederzugeben.

HERDER spektrum

Margot Käßmann
Erziehen als Herausforderung
Band 5170
Die evangelische Bischöfin und Mutter von vier Kindern gibt ihre eigenen Erfahrungen weiter: Anregungen für eine Erziehung, in der auch Spiritualität eine Rolle spielt.

Marion Lemper-Pychlau / Maria Weisser
Erziehen mit Gefühl
Emotionale Intelligenz fördern und einsetzen
Band 5283
Oft reichen bloße Worte nicht aus: Wie Eltern einfühlsam helfen, emotionale Intelligenz zu entwickeln und innere Barrieren zu überwinden.

Daniela Liebich
Mit Kindern richtig reden
Wirksam erzählen, ermahnen, erklären
Band 5312
Wenn die Ohren der Kinder auf Durchzug stehen, hilft nur eins: richtig reden. Viele Beispiele zeigen, wie das geht – auch in schwierigen Fällen.

Gisela Preuschoff/Andrea F. Cremer
Sturm und Stille
Mit Kindern Inseln der Ruhe schaffen
Band 5188
Schmökern, Träumen, Vorlesen: Ein Weg für Kinder, aus Ruhe und Harmonie neue Kraft zu tanken für die täglichen Herausforderungen.

Ulrich Rabenschlag
Kinder stark machen gegen die Angst
Wie Eltern helfen können
Band 5164
Wenn die Ängste eines Kindes über das normale Maß hinausgehen, braucht es Schutz und Hilfe. Ganz praktisch lernen hier Eltern den richtigen Umgang mit Kinderängsten.

HERDER spektrum